ZHONGGUO RONGZI ZULIN
QIANYAN WENTI TANTAO

中国融资租赁前沿问题探讨

2023

主编◎程东跃　副主编◎杨柳勇

中国融资租赁（西湖）论坛
浙江大学金融研究院
融资租赁西湖论坛（南沙）研究院

中国金融出版社

责任编辑：黄海清
责任校对：李俊英
责任印制：陈晓川

图书在版编目（CIP）数据

中国融资租赁前沿问题探讨. 2023/ 程东跃主编；杨柳勇副主编. —北京：中国金融出版社，2023. 6

ISBN 978 - 7 - 5220 - 2039 - 6

Ⅰ. ①中…　Ⅱ. ①程…　②杨…　Ⅲ. ①融资租赁 — 研究 — 中国 — 2023　Ⅳ. ①F832. 49

中国国家版本馆CIP数据核字（2023）第099435号

中国融资租赁前沿问题探讨 2023
ZHONGGUO RONGZI ZULIN QIANYAN WENTI TANTAO 2023

出版发行　中国金融出版社
社址　北京市丰台区益泽路2号
市场开发部　（010）66024766，63805472，63439533（传真）
网 上 书 店　www.cfph.cn
（010）66024766，63372837（传真）
读者服务部　（010）66070833，62568380
邮编　100071
经销　新华书店
印刷　河北松源印刷有限公司
尺寸　169毫米 × 239毫米
印张　11. 25
字数　176千
版次　2023年6月第1版
印次　2023年6月第1次印刷
定价　50. 00元
ISBN 978 - 7 - 5220 - 2039 - 6

序　言

我国开展融资租赁业务始于20世纪80年代初，经过四十多年的发展，融资租赁业务取得了长足进步。截至2022年末，全国已设有12000多家融资租赁公司、68家金融租赁公司，从业人员20余万人，总资产规模超过6万亿元。融资租赁已经成为我国金融业的重要组成部分。当前，我国经济发展进入了新阶段，但发展不平衡不充分问题仍然突出，部分领域还有许多卡点和瓶颈。融资租赁行业更需要主动担当作为，用好融资与融物相结合的独特优势，发挥产融结合的桥梁纽带作用，更好地服务实体经济和高质量发展。

第一，回归本源，发挥融资租赁优势功能，切实为实体经济服务。一是要发挥融资租赁融资与融物相结合的优势，立足物权，建立特色化服务体系与风控体系。二是要发挥金融补位优势，践行国家重大发展战略，助力经济恢复。三是要发挥租赁的投资功能，加大对先进制造业等国家重点产业支持力度，赋能国家重点产业发展。四是要发挥租赁共享功能，大力发展经营租赁，促进设备要素的流通与再分配。

第二，产融结合，围绕产业链上下游开展专业化运营，实现全产业链布局与服务。一是加强产业研究，深挖产业链发展趋势与产业链内部连锁机制，统筹发展布局产业链融资租赁业务。二是注重产业链上下游服务的联动发展，围绕核心企业拓展上下游企业融资租赁服务。三是重点关注核心企业的信用传导机制，以产业链中核心企业应收账款或增信措施作为支撑，通过产融结合控制风险。

第三，守正创新，积极探索“租赁+”创新模式，丰富租赁产品内容与品质，实现差异化竞争和特色化发展。一是推动租赁产品与其他金融产品有机结合，拓展“租赁+保险”“租赁+银票”“租赁+基金”等多元化租赁服务产品。二是优化承租人租赁产品服务体系，在租赁业务基础上拓展财务咨询、融资筹划、设备使用与维护等服务内容。三是加强科技赋能，利用现代科技手段重塑租赁业务流程与风控体系。

融资租赁如何实现转型发展，更好地发挥服务实体经济作用仍存在众多亟待解决的问题，需全体租赁人士共同努力探索。本书作为“中国融资租赁前沿问题探讨”系列书籍之一，对当下多个融资租赁热点问题展开深入探讨。本书设有“高管访谈”“业务风控”“法律合规”“租赁杂谈”四大板块，涉及融资租赁的转型升级、法律实践、业务开展、风险控制、内部审计、资产管理等多个前沿热点问题。

通过阅读本书，相信各位读者会对融资租赁本质、现状和未来发展趋势有一个更清晰、深入的了解，尤其是租赁从业人员，更能从中得到启发；也希望更多的融资租赁公司积极探索创新业务模式，分享成功经验和失败教训，为融资租赁行业更好地发挥服务实体经济功能，实现平稳健康发展贡献一份力量！

是为序。

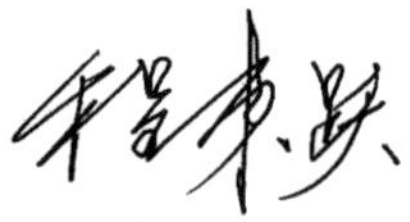

前　　言

历经四十余年的螺旋式发展，融资租赁业已成为我国金融业的重要组成部分。融资租赁不仅可以拉动社会投资，促进经济增长，还有助于缓解中小企业融资困难，助力实体经济发展，提高资源配置效率，是融资与融物相结合的特色金融服务形式。然而，近年来融资租赁行业同质化竞争激烈，行业发展明显放缓，融资租赁公司面临多重挑战。展望未来，回归租赁本源，守正创新，实现差异化竞争，服务实体经济发展，是融资租赁企业高质量发展的必然选择。

第一，坚守本源，有效服务实体经济。融资租赁企业需要始终保持战略定力，以守本源、防风险为发展主线，以差异化、专业化和特色化为业务发展方向，发挥“融物+融资”的独特优势，服务实体经济。一方面，要积极作为，主动创新，顺应产业升级大方向，致力于回归租赁本源，构建融物与融资相结合，以租赁物为核心的服务模式，提升直租、经营性租赁等业务占比，形成“产业+金融”并行的发展模式。另一方面，要围绕租赁物提升企业运营管理效能，把打造专业化的租赁资产管理能力作为核心竞争力。根据租赁物全生命周期的价值曲线和租赁期内的现金流特点设计科学合理的交易结构，充分发挥资产负债管理、现金流管理、压力测试等风险工具的作用，严格防范、控制经营风险。

第二，大力创新，提升租赁服务水平。融资租赁企业要转变理念，通过创新发展带动服务增值，成为租赁综合服务商。首先是推动业务创新，丰富产品类型。融资租赁企业要创新租赁服务模式和交易结构，积极探索开展新业务模式，并结合产业创新发展方向不断拓展新业务领域。其次是推动技术创新，加快融入数字化转型。利用数字化、互联网、大数据、人工智能、区块链等技术，挖掘出产业链、供应链、租赁物的价值，提升经营管理水平，更便捷、经济、有效地进行资金融通、资产流转、风险管控，服务企业融资融物需求。最后是推动人才创新，打造专业化团队。一方面，拓宽引进具有专业知识的各种高素质人才渠道，聘请专业人才，发挥专业优势，在实践交流和学习中提升企业人才队伍的整体创新能力。另一方面，加强系统化的创新能力培训，提升人员专业水平。

第三，产融结合，推动产业快速发展。融资租赁业作为与实体经济紧密相连的金融业态之一，紧紧围绕服务实体产业发展已成必然趋势。为推动产融结合，一方面，融资租赁企业可以对产业开展深度研究，围绕产业链、供应链开展融资租赁业务。同时，融资租赁企业必须具备相关产业专业技术知识，熟悉行业上下游的情况，了解产业链各环节的运转，能与核心企业以及主要的上下游企业建立良好的互信合作关系，能根据核心企业及其上下游企业的条件和资源，适应需求为其设计产品和模式，量身打造供应链融资租赁服务方案。另一方面，融资租赁可以与股权投资、银行贷款、发行债券、产业基金、信托产品、融资担保等金融业务协同联动，构筑融资租赁公司的差异化竞争优势，为产业发展提供综合金融服务。

回顾行业变化，分析行业现状，洞见行业趋势，是“中国融资租赁前沿问题探讨”系列书籍一直坚持的写作初衷。本书收录了近30篇融资租赁专家、学者及资深从业人员的文章。这些文章对融资租赁理论与实务的前沿问题进行了深入的探讨，也为融资租赁行业的发展提供了一些可行的思路。相信本书的出版能激发更多专家学者及业内人士对融资租赁研究的兴趣，进而为中国融资租赁行业平稳发展贡献力量。

目　录

第一部分　高管访谈

"专业化、国际化、数字化"——招银金租……3
产融结合创新业务模式——厦门金租……8
飞机租赁创新业务模式——南航租赁……11
高空作业平台与厂商租赁模式分享——鼎策租赁……13
金融租赁专业化转型的路径选择和创新模式——浙银金租……16
立足湾区、金融起航——南沙金融工作局……24
深化产融结合助力绿色低碳转型——申能租赁……28
智慧普华访谈——租赁高管系列访谈第十七期……33

第二部分　业务风控

租投联动的商业逻辑与关键要素 / 何融峰……39
光伏电站及ORC发电站类——碳中和项目融资租赁业务机会及产品设计 / 侯生忠……44
知识产权租赁及证券化的前沿探讨 / 刘焕礼……48
推进租投结合的特色租赁服务的思考 / 罗晓春　何双喜……67
融资租赁助力中国能源转型 / 彭　澎……76
新发展格局下融资租赁全面风险管理工作探索和实践 / 时永坤……81
科技租赁创新模式实践 / 杨鹏艳……84

第三部分　法律合规

将有物作为回租租赁物的风险及控制 / 陈龙飞　孟华蝶……91
融资租赁：《民法典》下出租人权利救济方式的选择 / 黄　亚……95

“联合承租”交易模式下出租人法律风险分析及防范 / 孙春梅　李　葳… 101
融资租赁公力救济与私力救济的困境及出路探析 / 温　涛 …………………… 106

第四部分　租赁杂谈

绿色租赁发展现状与思考 / 高一翔 ………………………………………… 117
从价值投资思考融资租赁的经营逻辑
——从格雷厄姆到中国式融资租赁 / 管晓枫 ……………………………… 127
守正创新——助推融资租赁高质量发展 / 韩　睿 ………………………… 131
中小融资租赁企业转型路径探索 / 简继业 ………………………………… 134
融资租赁行业的结构性变化 / 陆海霞 ……………………………………… 137
数说中国融资租赁今与明 / 唐吉平　陈奥杰 ……………………………… 145
股东行业背景对融资租赁公司发展的影响分析
——以基建企业和金控集团为例 / 王发军 ………………………………… 156
中国航运融资租赁将成为船舶融资的重要资金来源之一 / 王雅囡………… 164

第一部分　高管访谈

“专业化、国际化、数字化”——招银金租

1. 目前融资租赁行业同质化竞争严重，许多租赁公司在谋求专业化转型。招银金融租赁有限公司（以下简称招银金租）目前是国内大型金融租赁公司之一。请问招银金租在经营理念和经营模式上有哪些特色？

（1）招银金租发展战略是什么？

2021年，招银金租中长期发展战略经董事会审议通过，明确“专业化、国际化、数字化”战略方向。中长期总体发展目标：在招商银行3.0发展模式下，突出租赁产品差异化优势，夯实客群基础、深化银租联动、建设租赁生态、提升交易能力，融入母行大财富管理价值循环链，打造新动能行业专精、国际化布局稳健、数字化技术赋能的行业领先金融租赁公司。规划期末，租赁资产余额达到2800亿元，资产质量和盈利水平高于可比同业平均水平。

（2）产业布局结构是怎样的？

招银金租构建了设备租赁、航空租赁和航运租赁三个板块的业务布局。其中，航空航运板块约占公司资产余额的40%，是招银金租“走出去”的中坚力量，截至2022年6月末，余额共计1020亿元，机队、船队均位列国际排名前二十位。

设备板块方面，2014年以来，招银金租陆续成立了新能源、文化旅游、节能环保、智慧互联与物流等数个专业化团队，2021年初又设立了新动能团队，不断加大在新动能、绿色经济、优质赛道制造业、区域优势特色产业等行业领域的租赁投放，服务国家战略性新兴产业，促进实体经济转型升级。

（3）招银金租的转型成果怎样？

招银金租：招银金租以“专业化、国际化、数字化”的战略目标为指引，践行“走近租赁物”的转型要求，坚持“创新进取”的发展主题，在转型与创新的道路上上下求索、砥砺前行。

航空板块方面，招银金租抢抓战略机遇，拓展区域市场头部航空客户，

突破全球规模最大、成熟度最高的北美航空市场，初步构建起自有订单飞机出租、续租、飞机取回再营销、资产交易处置的全生命周期资产经营体系，并在爱尔兰搭建展业平台，为进一步在全球拓展客户奠定了坚实的基础。

航运板块方面，招银金租已经与世界级航运公司、独立船东等不同类型客户保持了长期良好的合作关系，截至2022年上半年，招银金租在希腊航运客户中建立了坚实的客群基础，前十大航运公司中已经有七家公司与招银金租建立起长期合作关系。招银金租同时关注船舶资产价值波动，通过船舶的溢价出售博取多元化利润来源。

设备板块方面，在打造竞争能力，推动传统产业升级，催生新技术、新产业、新业态的发展格局下，招银金租进一步收缩传统政信类业务投向，制造业、高科技、创业型企业项目审查受理量较上年同期翻了一番；新能源、新动能项目受理数量占比超过50%；2022年上半年，新动能行业实现投放超过174亿元。

2. 据了解，招银金租2022年上半年业绩表现较好，营业收入、净利润等指标同比均大幅上升。请问招银金租是如何在融资租赁行业整体发展放缓的阶段实现这一快速增长的？

招银金租：一是坚持发展的主旋律，在“资产荒”加剧的大背景下，招银金租始终把积极发展摆在各项工作的首位，不断在行业投向、产品模式、债券发行等方面尝试新的可能，新动能行业投放也成为招银金租这两年资产投放的最大边际变量。

二是突出租赁特色，在“走近租赁物”的转型要求下，招银金租不断基于租赁产品的特性，在招商银行的整体战略框架下，对外链接开放、对内深度融合，为客户提供综合化金融解决方案。

三是数字化转型赋能，数字化转型将业务驱动和技术赋能相结合，重点围绕业务线上化、流程自动化、风控数字化、数据标准化、移动化和云化等方面展开。

3. 受实体经济恢复缓慢、新冠病毒疫情持续等因素影响，许多租赁公司面临资产质量下滑的风险。请问招银金租目前资产质量如何？主要项目审批流程和风险控制体系是怎样的？

招银金租：资产质量：招银金租资产质量以不良率为参照，在年初出现一定的压力，但随着企业贷款成本下行，客户筹资能力增加，风险情况已有一定的缓解，不良率有较明显下行。从后期来看，由于经济下行压力仍存在、国家政策已出台但见效仍需一定的时间，信用风险的压力依旧较高。

租后风险控制：招银金租在租后层面主要定期跟踪承租人及担保人等债务主体经营及融资变化情况，通过收集财务报表、监控负面舆情等手段，了解客户风险变化趋势；招银金租已建设了大数据预警系统，对客户财务、涉诉、工商等变化情况自动监测，及时反馈客户变化情况。在风险处置环节，招银金租已积累一定的不良处置经验，熟练应对各类信用风险的违约情形，具备有效管控风险、快速压退风险资产的经验和能力。

4. 据了解，招银金租最近上线了自主研发的综合业务处理平台——Alpha平台。请问这个Alpha平台主要有哪些功能，可以解决哪些日常业务中出现的问题？招银金租在科技赋能方面还有哪些创新实践？

招银金租经过多年的数字化建设，各类业务已基本实现线上化，但现有应用系统数量繁多，孤岛问题突出，数据和流程没有有效打通，缺乏统一的业务办理入口。另外，招银金租租赁业务系统自2015年改版至今已运行7年，技术框架和交互体验已无法满足系统扩展要求和用户日益增长的需求。以此为前提，招银金租于年初启动规划，围绕“专业化、国际化、数字化”的发展战略，自主研发新一代综合业务处理平台——Alpha平台，并于8月下旬正式发布上线。

Alpha平台的四个目标：

“更便捷”——Alpha平台以租赁业务系统为核心，整合招银金租各类外围应用系统，致力于提供一站式作业的系统解决方案，是满足日常业务办理、信息接收需要的综合性系统。Alpha平台通过标准化消息定义、流程定义和统一接入规范等方式，打通系统应用层交互，让外部产品通过服务化的方式，突出其产品化的专业优势，将差异部分和统一视图部分通过自研系统集成，以实现应用层面的融会贯通，打破系统孤岛。

“更完善”——Alpha平台定位为支撑智能化应用流程的分析服务型应用平台。平台对用户办公进行数字化抽象，形成了客户管理3.0系统，涵盖报价&方案书、工作台、任务中心、数据指标看板、消息中心、搜一搜、工具箱、日程管理等多项基本功能原型和使用场景，底层融合运用RPA机器人工场，以

“人+自动化”的组合，业务流程从全手工作业逐步提高自动化程度，到未来实现人工替代的智能化处理。

“更高效”——Alpha平台与数据仓库无缝集成，开发建设经营管理指标体系。为解决招银金租各类经营管理指标的数据来源、指标口径、指标计量规则不统一、指标计算时效性低等问题，自主规划建设经营管理指标体系。在数据仓库的技术底层建立指标数据模型，区分个人、团队、部门、公司等业务主体，以日、月、季、年为指标周期，通过数据仓库集中采集各类指标原始明细数据，经数据清洗，按业务规则进行指标计算，用户通过Alpha平台对指标数据进行访问。

“更友好”——Alpha平台对用户界面和操作交互进行全新设计，发布新的用户交互规范，同时拓展了用户使用模式。对接招行一事通邮件、招乎通信、手机App等多渠道，实现业务消息的多渠道触达，尤其是新接入的招乎机器人，通过消息推送一键打开任务处理界面，用户无须登录即可办理业务。

5. 目前国外成熟银行系融资租赁公司通常采用项目批发的经营模式，即专业化融资租赁公司按照银行系融资租赁公司风险控制要求进行项目投放，并将投放的项目打包出售给银行系融资租赁公司。请问您觉得这一模式是否适用于我国的银行系金融租赁公司？我国的银行系金融租赁公司未来的发展方向是什么？

与专业化融资租赁公司合作是一个非常值得推敲和尝试的租赁业务发展方向。

金融租赁公司的股东大多为银行，也遵从银行业监管模式，因而在成立初期以及行业大发展时期，更多地发挥了“金融属性”，整个行业的服务能力相较于商业银行信贷服务的差异并不显著。近年来，“回归租赁本源”成为金融租赁行业关注的焦点，各机构均更加强调“融物”能力建设，寻求打造区别于银行信贷的资产经营能力，以租赁业务促进产融结合。但是客观来说，金融租赁公司对设备本身的了解有限，对租赁物全周期的运营尚有认知空白，短期内较难按照产业化运作规律，自建体系参与真正的资产经营。

因此，从短期来看，招银金租将通过充分借力第三方，来补充对租赁物的管理能力和处置能力。专业化融资租赁公司一直是招银金租借力的渠道之一。融资租赁公司，在产业背景、风险认知、监管规则方面具备较强的差异性。具体来看，具备设备生产和运营背景的融资租赁公司，如申能租赁、中电投融和租赁、中集租赁等，产业经营能力较强，一直是招银金租学习交流的对象；融资租赁公司的监管环境较金融租赁行业宽松，可以通过股权投资、产业并购方式实现与专业机构的合作，例如远东宏信等，将双方能力和资源融会贯通，提升服务实体经济的能力。

实际上，近年来招银金租已经通过向相关融资租赁公司购买资产包，拓展对特定行业的风险认知。后续，我们也会加强对特定行业、特定租赁物的研究和论证，与融资租赁同业各自发挥所长，在产业生态链上找准定位，塑造“共享共赢”的资产流转体系和客户服务体系。

产融结合创新业务模式——厦门金租

1. 厦门农商银行作为厦门金租的最大股东，厦门金租是如何与厦门农商银行开展银租联动的？

吴稷：厦门金租与母行均以高质量发展为目标，双方通过紧密合作，共同加强行业调研，提升项目发展前景研判能力，完善产品体系，推动业务发展。在银租联动方面，厦门金租充分利用厦门农商银行的客户资源优势，联合银行分支机构，开展银租联动，为银行已经掌握客户资源关系的优质产业类客户共同提供一揽子的金融服务方案。具体而言，在风险隔离前提下，建立银租双向战略联动机制。厦门金租与母行在各自战略层面予以重视，建立上层沟通合作模式，中层专业部门进行对接，底层结成联动小组，突出客户共享、产品一体、考核明晰的原则。此外，通过多层次营销渠道搭建，团队化营销机制建设，银租联动机制构建，内部管理机制转变，打造专业化服务能力，提升服务实体经济质效。

2. 象屿集团有限公司作为厦门金租的主要股东，请简要介绍一下股东背景概况。

吴稷：厦门象屿集团有限公司是厦门市属国有企业，成立于1995年11月28日。旗下拥有投资企业500余家，2021年营收超4800亿元，员工超万名。公司秉持“计利天下，相与有成”的使命，践行产业化投资与专业化经营，业务领域涵盖大宗商品供应链、城市开发运营、综合金融服务、港口航运、创新孵化等，致力于成为具有全球竞争力、以供应链为核心的综合性投资控股集团。

象屿集团有限公司连续多年位居《财富》世界500强、中国企业500强、中国服务业企业500强、中国500最具价值品牌榜单，荣获全国五一劳动奖状、全国守合同重信用单位、全国模范劳动关系和谐企业、全国内部审计先进单位、全国企业管理现代化创新成果、全国企业文化优秀成果、金蜜蜂企业社会责任中国榜“领袖型企业”等荣誉。同时，象屿集团有限公司是全国首批“国企改革双百行动”试点，是厦门市国有资本投资公司试点企业，获得中诚信国际信用评级AAA级、联合资信评级AAA级、中国对外贸易信用AAA级的认证等。

3. 请问厦门金租是如何与象屿集团有限公司开展产融结合业务的？

吴稷：象屿集团有限公司依托先进的供应链管理理念、完善的一体化流通服务和强大的资源支撑，现已形成了农产品、能源化工、金属矿产等大宗商品供应链服务体系，同时还探索布局新能源材料、粮食深加工、能化终端零售等新兴领域，核心优势品种的业务量名列前茅。

在农产品方面，象屿集团有限公司扎根黑龙江，建立起集种植、收储、物流、贸易、深加工为一体，三产有效联动的现代化农业全产业链服务体系，总投资超过180亿元，带动农户近60万户，总仓储能力逾1500万吨，并形成陆、铁、海三位一体的“北粮南运”联运通道，确保国家粮食调得动、用得上。

在金属矿产方面，自2017年起，象屿集团有限公司在印度尼西亚苏拉威西省投资建设年产250万吨不锈钢冶炼一体化项目（PT.OSS），被国家发展改革委列入“一带一路”重点项目库，也被印度尼西亚政府列入国家战略项目。该项目充分发挥象屿集团有限公司的供应链和物流优势，开展跨国互联互通，提高贸易和投资合作水平，推动中国优势产能“走出去”，既有力保障中国市场对不锈钢的巨大需求，提升不锈钢产业链全球竞争力，又对印度尼西亚的产业发展、人民就业、基础设施改善等发挥重要作用，极大地促进了两国的经贸合作和人文交往。截至2022年6月，该项目已累计生产不锈钢超300万吨，带动进出口贸易额超80亿美元，为印度尼西亚当地直接创造就业岗位超1.6万个，为印度尼西亚累计贡献税收超8亿美元。

在物流方面，象屿集团有限公司在业内率先成功构建“铁水联运，公路短倒，仓储配套”多式联运物流骨干网络，打造出覆盖全国、连接海外的网络化、智能化、绿色化物流服务体系，推动“公转铁”运输，显著降低物流环节综合能耗和污染物排放，助力全产业链的绿色重塑。据统计，铁路运输能耗和污染物排放仅分别是公路运输的15%和8%。

融资租赁集融资、融物及资产管理为一体，在扩大投资、促进销售、节税、盘活存量资产、推动技术改造、缓解债务负担等方面具有积极的作用。厦门金租通过多样化产品组合，为象屿集团有限公司产业客户提供多项金融服务，有效降低客户成本，发挥产业与金融的协同效应，从而助推集团业务较快发展。同时，象屿集团有限公司在产业链中的评级高，可以将其优势分享给上下游企业。厦门金租可以充分利用集团的资源优势，获取产业链的项目资源，并可以通过产业整合等手段处置风险，因此产融结合业务是厦门金租开拓市场、防范风险的主要依托。

4. 厦门金租在绿色低碳领域有何布局？又有哪些成功的案例可以分享？

吴稷：在“双碳”背景下，分布式光伏产业已经成为可持续发展的战略性产业之一，符合大力发展太阳能等清洁可再生能源的政策导向，同时新能源领域也是公司未来发展的四大重点领域之一。公司在绿色低碳领域，积极以金融服务实体企业为己任，做好碳达峰碳中和工作，业务布局领域主要涉及清洁能源发电、新能源汽车以及新基建中的低碳行业。在后期的业务拓展中，将聚焦分布式光伏产业，以及新能源汽车领域，不断创新服务模式，提供差异化的金融服务。

2022年6月底，厦门金租先后落地两笔工商业分布式光伏业务，实现了公司首次“绿色+普惠”的融资租赁业务的突破。这两个项目位于福建省漳州市，项目建成后，将有效助力企业提高节能减排水平，为省内新能源提速发展注入动能。

厦门金租将坚持落实监管绿色金融导向的举措，以生态优先、绿色低碳为导向，不断优化完善自身绿色金融租赁服务能力和水平。在屋顶分布式光伏及新能源汽车项目首次落地后，公司在分布式光伏及新能源汽车领域将加大业务推进力度，加强业务管理系统建设，完善普惠租赁科技系统，扩大绿色租赁资产规模，为支持我国新能源产业的高质量发展、助力经济转型升级贡献力量。

飞机租赁创新业务模式——南航租赁

1. 请简单介绍南航租赁的经营理念和发展现状。

许峰：五年来，面对激烈的市场竞争和行业发展难题，南航租赁不断拓展业务深度和广度，全力打通飞机资产全生命周期管理价值链，积极构建以航空业务为主，大交通、新能源、新基建、高端设备等多领域发展为辅的“1+4”多元化业务布局；坚持“专业服务、融通致远”的经营理念，不断创新业务结构和模式，开创国内、行业多项先河，公司规模、实力、影响力不断提升。

截至2022年6月底，南航租赁机队规模达到133架，业务辐射10余个省市及国际市场，服务知名企业30多家，成功拓展交通、光伏、风电等非航领域业务，资产投放规模超500亿元，利润总额近18亿元，资产总额超200亿元。2017年至2022年，资产投放规模、利润总额和资产总额三个指标年复合增长率分别达到59%、98%、26%，在全球飞机租赁商50强中位列第19位，在总部位于大中华区的全球飞机租赁商中位列第6位。

2. 请简单介绍飞机客改货创新业务模式和现实意义。

许峰：自波音公司2016年启动客改货服务以来，此项业务由外资租赁公司主导，国内租赁公司起步较晚。南航租赁经过充分市场调研发现，受新冠病毒疫情影响，国际、国内飞机客运服务需求大幅缩水，大量飞机提前退出客运市场，客改货种子机来源充足。与客运业务相反，货运业务供不应求，客改货业务市场空间较大。因此，南航租赁最终决定进入此细分市场。

客改货业务要求融资租赁公司自身具备过硬的技术实力。在种子机选择方面，需在购价、机龄、维护状态、运营记录等方面综合考虑，取得平衡点。目前南航租赁客改货业务种子机选择主要有三大要求：一是种子机由国内外大航空公司运营，航空公司维修保养水平高；二是种子机机龄在15~20年；三是种子机无重大出险记录，并由波音公司提前确认适合客改货。在项目运营方面，客改货业务对融资租赁公司飞机监修、适航管理、航材保障等能力提出更高要求。

南航租赁客改货业务是中国首单综保区客改货项目，不但打破了国外租赁公司的垄断，也有利于促进国内租赁公司综合竞争能力的提升，有利于促进国内航空货运业的发展。

3. 请简单介绍日本税务租赁转中国保税租赁创新业务模式和现实意义。

许峰：如果飞机租赁结构满足日本税务的相关要求，日本投资人可以获得飞机资产的相关税务补贴。现今部分设立在爱尔兰的飞机租赁公司通过将飞机租赁资产出售给日本投资人来获取投资收益，即日本投资人获得飞机租赁资产的产权，爱尔兰的飞机租赁公司作为飞机资产的管理人及出租人继续存在于飞机租赁结构中。由于飞机租赁出租人为爱尔兰公司，作为承租人的中国的航空公司在对外支付飞机租金时，需要承担代扣代缴的预提所得税及预提增值税的税负成本。

为解决这一问题，南航租赁创新研发了日本税务租赁转中国保税租赁创新业务模式。南航租赁先在天津保税区设立SPV公司，并由SPV公司与日本投资人、爱尔兰飞机租赁公司三方签署飞机购买协议和飞机租赁代为出资协议，使SPV公司成为新的产权人和出租人。在此模式下，由于整个租赁结构转变为国内租赁交易，南航租赁将不再需要缴纳预提税费，为同类跨境日税结构飞机转回中国提供了范例。

4. 请问航空租赁业现状和未来前景如何？

许峰：2019年底，新冠病毒疫情暴发，给航空业、金融业、租赁业的发展带来了极大冲击，时至今日，新冠病毒疫情依旧多点散发，叠加国际形势云谲波诡、金融市场频繁波动、航油价格高企不下等多重不利因素影响，航空业、租赁业尤其是航空租赁业遭遇前所未有的风险挑战，进入发展的艰难时刻。同时，我们也欣喜地看到，在以习近平同志为核心的党中央坚强领导下，疫情防控取得显著成效，国民经济延续恢复态势，经济运行总体平稳。我国稳经济各项政策和措施的及时实施，对经济发展的稳定和回升起到极大支撑。同时，俄乌冲突和大国博弈造成全球供应链的重构和航空原材料供应的紧缺，也对航空业的发展产生重要影响。总之，我们对中国经济发展前途充满信心，我们因势利导，对航空业、金融业、租赁业的发展也充满信心。

高空作业平台与厂商租赁模式分享
——鼎策租赁

1. 在“六稳”“六保”要求下，中央提出2022年将加大基础设施投资力度。鼎策租赁依托浙江鼎力产业优势，在高空作业平台设备领域深有研究。请问高空作业平台租赁领域现状和未来发展趋势怎么样？

姜璐：高空作业平台具有两大核心概念属性：一是共享经济属性，二是老龄化属性。

共享经济属性：有别于其他工程机械细分行业，项目施工团队多以短期租赁方式使用高空作业平台设备，共享经济属性明显。因此，高空作业平台设备客户群体以融资租赁公司和经营租赁公司为主，产业链总体呈融资租赁公司以直租方式为经营租赁公司提供设备，经营租赁公司为地区项目施工团队提供短期租赁服务的构架。

老龄化属性：高空作业平台设备行业的发展与人口老龄化问题高度相关。由于国内劳动力人口数量众多，人工成本远低于欧美等发达国家，因此国内高空作业平台行业起步比国外晚近50年。近年来，随着中国老龄化问题越发严峻，且传统高空作业存在一定危险性，年轻人大多不愿意成为施工工地蓝领工人，现存农民工年龄普遍已超过50岁。高空作业平台设备不但可以大幅节约人工成本，提升工作效率，而且安全性也大幅提升。因此，近几年国内高空作业平台行业快速发展，设备存量从2010年的几乎为零快速发展到50万台左右。未来，预计国内高空作业平台每年将新增15万~20万台，在市场保有量达到150万台的水平后，转入存量更新阶段。在具体高空作业平台产品类型上，由于施工要求和条件发生变化，传统剪叉式高空作业平台市场份额新增放缓，臂式高空作业平台等设备市场份额将逐步提升。

2. 鼎策租赁在高空作业平台租赁领域业务发展现状如何？

姜璐：浙江鼎力成立于2005年，2015年于A股上市，是专门从事高空作业平台研发与生产的工程机械厂商。最新权威机构数据显示，浙江鼎力高空作业平台行业规模位列亚洲第一、世界第三。为促进产品销售，加强风险控制，浙江鼎力2015年出资2亿元人民币（后增资1亿元）设立鼎策租赁。鼎策租赁自成立以来坚持围绕主业，以直租方式开展高空作业平台融资租赁业务，承接了浙江鼎力绝大多数国内高空作业平台融资租赁业务，业务范围主要集中在江浙沪地区。截至2022年，鼎策租赁实收资本3亿元人民币，资产规模达15亿元人民币，净资产超4亿元人民币。

3. 据了解，鼎策租赁自成立以来一直高度重视风险控制，风险控制水平在行业内属于佼佼者。请您在这方面分享一下经验。

姜璐： 高空作业平台行业和其他工程机械行业属性有所不同，客户不是经销商，而是持有资产运营的租赁公司。当承租人现金流出现困难的时候可以通过减少新设备购入，利用现有设备经营性租赁回笼资金，从而逐步偿付债务，最终解决现金流紧张问题。因此，鼎策租赁目前的风控目标是减少客户逾期，最终减少不良资产。

基于上述风控目标，鼎策租赁形成了一套完整的风险控制体系。首先，在常态化风险控制方面，鼎策租赁会定期评估承租人负债率和现金流状况，并据此对承租人进行额度授信。定期与浙江鼎力沟通汇报授信结果、日常风险把控和企业走访中遇到的问题、重点关注的客户等，保证母公司明晰鼎策租赁的风险控制理念。对杠杆率过高的承租人，鼎策租赁会建议浙江鼎力暂停向该客户销售设备，转而向负债率较为稳健的承租人进行销售。在项目推进阶段，鼎策租赁通过和承租人实控人沟通、向关联方侧面了解、经营数据佐证、数据库信息查询等形式进一步开展现场尽职调查，并形成相应内部评审报告。评审报告内容涵盖承租人投资进度、未来还款节奏、现金流测算、负债率情况、发展状态等。在项目落地后，鼎策租赁会对现有项目定期评估，评估承租人还款能力，标的物价值和抵押物价值能否覆盖风险敞口等，保证项目安全稳健运行。另外，鼎策租赁向浙江鼎力提供客户白名单，浙江鼎力可以在白名单内推销设备。

4. 在厂商租赁模式中，厂商销售员扩大销售动机和租赁公司业务风险控制要求存在一定矛盾。请问鼎策租赁在业务过程中是如何处理这一矛盾的？

姜璐： 我们认为这个矛盾不存在。因为浙江鼎力给予鼎策租赁高度的独立性，相信我们对客户的判断是专业且正确的。因此，只要鼎策租赁授信审批能通过的客户，浙江鼎力都会大力开发，销售设备。如果鼎策租赁觉得客户风险比较大，会建议浙江鼎力暂缓该项目，更换销售对象。

这一点也体现出浙江鼎力董事长的高格局与大智慧。由于董事长要高质量的业务，因此各条线均会重视风险控制。也正因为如此，鼎策租赁成立以来浙江鼎力从未下达经营指标要求，从未反驳鼎策租赁的经营决定。

鼎策租赁的目标不是做大规模，而是控制风险。但浙江鼎力需要鼎策租赁发挥作用的时候，鼎策租赁会坚决发挥作用。

5. 在厂商租赁模式下，融资租赁公司普遍存在给承租人让利的情况，业务收益率普遍较低。但在考核过程中通常除了业务体量、不良率等指标外，对收益率等指标也有要求。请问鼎策租赁是否遇到过这个问题？是怎样解决这个问题的？

姜璐：这个问题是厂商租赁公司普遍遇到的问题，鼎策租赁也不例外。为了提高整体收益水平，鼎策租赁自2018年开始研究中小微企业售后回租业务。经过两年摸索实践，鼎策租赁发现中小微企业看似风险最大，但对民营融资租赁公司而言存在拓展空间。2020年，鼎策租赁已经形成一套完整的中小微企业售后回租业务的操作流程和风控体系，并逐步增加投放。现如今，鼎策租赁已经可以实现中小微企业项目的快速审批与投放，从项目获取到资金投放可以在10个工作日内完成。

6. 厂商租赁普遍盈利水平较低，员工薪酬水平通常低于行业整体水平，并由此引发人才流失问题。请问鼎策租赁是如何避免人才流失的？

姜璐：这是一个平衡问题。不同岗位工作强度、工作压力和工作技能等都不相同。这也和个人选择有关，有的人可能喜欢在一个行业做深，而中小微企业面很广，深度就有所欠缺。而且高空作业平台业务和母公司业务挂钩，职位晋升通道更为畅通。与外界比，薪资水平并不低。目前，鼎策租赁高空作业平台板块员工维持高度稳定，很少有员工提出离职。

金融租赁专业化转型的路径选择和创新模式——浙银金租

1. 请问您是如何理解专业化转型的？

汪国平：专业化转型是我国租赁业的一个永恒主题。但客观上讲，在赚快钱较为容易的行业发展初期，专业化转型更多地停留在口头上或宣传文案中，真正将专业化作为发展主线的租赁公司并不多，这从行业类信贷、政府平台、“垒大户”业务“三高”的资产结构中可以得到印证。随着近年来行业监管的加强、政府债务的整顿以及经济下行压力的加大，租赁行业的发展环境发生了重大变化，如何既实现业务发展，又有效防范风险，成为租赁行业的共性难题，而专业化转型成为大多数公司的共同选择。根据我的观察，目前优秀租赁同业的转型路径可以简单概括为三类：第一类是做“大”。一些租赁公司凭借雄厚的资本实力和资金价格优势，聚焦飞机、船舶、大型机械设备等高价值标的物，业务呈现单笔金额大、整体利率低和起量速度快等特点。第二类是做“小”。一些租赁公司凭借股东资源优势和自身专业特色，聚焦中小微企业、个体工商户等客户群体，大力拓展小微租赁、厂商供应链租赁等小额分散类业务，形成了以小微零售为主要方向的转型路径。第三类是做“产业”，也就是产业金融、产融结合。租赁作为与产业结合紧密的金融业态，在聚焦特定产业实施专业化转型方面具有天然优势，目前一些租赁公司依托股东产业背景或产业运营优势，在深耕细分产业、构建产融生态圈方面成为行业标杆。

条条大路通罗马。专业化转型的道路没有固定范式，如何结合自身实际找到适合的转型路径才是关键所在，这也是浙银金租近年来一直在坚持的发展理念，应该说也取得了一定的成效。

2. 专业化转型的方向在哪里？

汪国平：金融与政治、经济密不可分，我们在强调金融专业性的同时，也要认识到金融工作的政治性和人民性，两者是相互融合、相得益彰的。浙银金租在转型过程中，始终注重从国家政策导向中挖掘市场机遇，从经济社会转型趋势中寻找发力方向。比如，我们立足制造业转型升级、乡村振兴、海洋强省、“双碳”等重大战略，确定了智能制造、现代农牧、海洋经济、绿色环保、能源产业五大专业化行业；围绕共同富裕示范区建设，大力发展普惠租赁业务、山区26县区域业务等。目前，浙银金租政府平台类业务占比已不到40%，其他业务主要集中在前述板块，并持续将资金配置到符合国家政策导向的领域。

但是知易行难，国家政策和经济转型方向很多，如何在众多选择中找到适合自身的细分市场，是最关键和最困难的一步。从浙银金租的实践情况来看，有以下几个关键之处：首先，充分结合自身的资源禀赋，做到上级政策和自身实际的有机结合。比如，我们立足注册地舟山海洋资源丰富的优势，结合浙江打造海洋强省战略，确立海洋经济板块进行深耕；结合母行浙商银行打造“智能制造服务银行”的优势和浙江制造业发达的产业基础，确立智能制造板块作为重点方向。当前市场上热门的转型方向很多，也很透明，如果一味跟风进入，很难形成特色竞争力，也难以真正实现专业化。为此，在选择转型方向时，要特别注意错位竞争，避免盲目跟风。其次，必须统一思想、形成共识。专业化转型需要打破传统模式和惯性思维，必然会遇到各种阻碍，只有统一高中基层和前中后台的思想，形成转型的高度共识，才有可能顺利推进实施。浙银金租自2020年初确立全面实施专业化转型战略后，多次召开全员参加的专业化转型专题会议，建立联动式行业研究、专班制推进小组、专业化审查机制、差异化绩效考核、多样化战略宣贯的闭环转型体系，逐步形成了“每个部门有专业化、人人心中有产业链”的浓厚转型氛围，为专业化转型打下了坚实的思想基础。再次，坚持投研先行、小步快跑。投研是专业化转型的基础性工程。浙银金租在专业化转型过程中，一直高度重视投研工作，建立了董办行研团队和评审部评审团队并行研究的机制，以跨部门小组的方式跟踪研究重点产业和潜在方向。同时，坚持走小步、不停步的原则，边开展研究边落地业务，持续挖掘和拓宽公司专业化转型方向。最后，尽可能做到行业细分和市场聚焦。在行业选择上，我们始终坚持以“宽度一厘米、深度一千米”为标准，聚焦“小切点、大空间、重资产”的细分市场，做到资源的集中和发力的聚焦。如在现代农牧板块，我们早期主要聚焦生猪的养殖环节，成熟后才逐步向饲料生产、屠宰等环节以及奶牛、养鸡等领域延伸拓展；在海洋业务板块，我们早期聚焦远洋渔船和节能型内贸船等相对冷门的细分市场，深耕多年后才逐步向外贸船领域延伸。

3. 专业化转型的路径又该如何选择？

汪国平：租赁作为全球第二大债权融资工具，其最典型的特点是以物融资和产融结合，最具特色的模式是厂商租赁和经营性租赁，最有效的风控手段是有效控物和资产交易。基于以上认知，浙银金租提出了行业专业化、模式专业化、资产管理专业化“三个专业化”的转型路径，致力于通过行业专业化聚焦行业、理解行业、做深行业，提升金融服务和风险防控的专业性，重点打造智能制造、现代农牧、海洋经济、绿色环保、能源产业 “五大专业化行业”；通过模式专业化深化与核心厂商、优质租赁同业的合作，扩大金融服务的开放性和覆盖面，重点打造厂商供应链、租租合作“两大专业化模式”；通过资产管理专业化提高“看得准、管得牢、卖得好”的资产管理能力，为业务发展提供托底保障，确保业务“进得去、出得来”，形成专业化转型的闭环体系。目前，浙银金租以“五大专业化行业”和“两大专业化模式”为主体的“5+2”专业化资产余额占比已达55%左右，在生猪养殖、分布式光伏、建筑支护等细分领域形成了一定的特色竞争力，政府平台类业务占比从2020年初的60%左右压降到40%以下，转型成效持续释放。

第一个专业化是行业专业化。围绕特定行业实施专业化深耕，是租赁公司专业化转型的普遍形态，也是最基础形态。如果把租赁公司做“类信贷”业务比作中学生水平的话，那么行业专业化就相当于本科生水平，而通过打造资产管理专业化能力，实现租赁资产的高效流转交易就属于研究生水平。

租赁公司实施行业专业化，改变了以往散做打游击的粗放模式，实现了从“打猎”向“种田”的迭代升级，一方面可以破解信息不对称难题，提高产业研判、客户谈判和风险评判能力，从而营销别人无法进入的客户，服务别人不敢服务的客户；另一方面可以实现与客户的长期合作及共同成长。与打一枪换一个地方的“打猎”方式不同，行业专业化相当于以“种田”方式深耕产业，需要和客户携手穿越行业周期，形成更有深度、更加长久也更具黏性的合作关系，有利于租赁公司构建自己的基础客群。

相对于银行等金融机构，租赁公司开展行业专业化有自身的独特优势：首先，租赁公司全国展业，可以在全国范围内筛选行业内优质客户，而银行往往以分支机构为主体，以属地经营为主，实施行业专营会受到地域限制。其次，租赁产品天然与产业紧密结合，特别是具有产业背景的租赁公司在产融结合方面具有天然优势，可以更加敏锐地捕捉甚至创造产业金融需求，快速建立起专业化服务能力。最后，租赁公司体制机制更为灵活，业务模式、合作期限、还款方式等均可以根据产业特点量身定制，可以更为紧密地与产业进行需求匹配和服务融合。

从浙银金租的实践来看，通过多年来聚焦“五大专业化行业”实施深耕服务，已经在一些细分市场形成了特色竞争力，在生猪养殖、海洋业务、建筑支护、分布式光伏等领域初步构筑起了“产融生态圈”，打通了从客户营销到资产交易的全链条。以生猪养殖板块为例，浙银金租是业内最早将生猪养殖确立为战略性板块的租赁公司之一，在2018年就专门成立农牧业务部进行专营服务，逐步打造了配套的“6+1”服务体系，形成了为各类养猪企业提供全生命周期定制化服务方案的能力，先后落地生猪养殖投租联动、第三方垫资建设等多个业内首单，并成为首家获银保监会特批开展生猪生物性资产租赁的金融机构，成功与大部分生猪养殖行业头部企业开展合作，开业以来累计投放100多亿元，资产质量保持优良。同时，以生猪养殖环节为起点，逐步向上游饲料、养猪场建设以及下游物流运输、屠宰等链条延伸，打通了生猪养殖产业全链条。此外，凭借长期深耕产业链的资源优势，多次为客户并购养猪场、建设新猪场提供信息咨询和撮合服务，存量客户出险后，也可以第一时间通过将养猪场转让给其他客户的方式来实现处置。可以说，通过行业专业化，浙银金租成功营销了难以进入的行业龙头，获得了高于普通项目的超额收益，实现了与客户的深度互信，做到了规模、质量、效益、特色的有机结合。

第二个专业化是模式专业化。相对于行业专业化的聚焦产业，模式专业化主要围绕特定业务模式，通过将模式做精做专、做成体系，形成特色竞争力。对于习惯于做售后回租这一类信贷业务的租赁行业来说，实施模式专业化至关重要，这不仅关乎租赁公司自身竞争力的提升，也是整个租赁行业提升能力、重塑形象的必由之路。近年来，在模式专业化方面，浙银金租重点打造了厂商供应链和租租合作两大模式：

在厂商供应链方面，除了大力拓展工程机械、货运物流等领域的常规厂商租赁业务外，还注重解放思想、开拓思路，持续挖掘厂商租赁的“蓝海”市场。从本质上讲，厂商租赁的逻辑是依托核心企业实现批量获客和风险防控，其中厂商的概念可以延伸拓展，厂商的领域和类型也可以多样化。比如，从局限于设备厂商延伸到与各种“类厂商”合作，将各类EPC承包方、系统集成商等当作“类厂商”，以厂商租赁模式批量化服务其下游客户；从局限于工程机械、商用车领域延伸到光伏设备、焦化设备、移动通信设备等各行各业，甚至从卖硬件延伸到卖软件；从局限于“垒大户”延伸到中小优质厂商，逐步从做“头部厂商”向做“腰部厂商”延伸，努力做大“朋友圈”，做强基础客群。

在租租合作方面，租赁公司之间由于股东背景、资源禀赋、发展阶段的不同，业务互补性很强，合作空间非常广阔。特别是像浙银金租这样的银行系金租公司，既有融资规模和价格上的相对优势，也有产业认知和资源上的客观缺陷，通过与其他租赁公司合作，可以有效扩大各自的能力圈，提升服务覆盖面和市场竞争力。正是基于这一考虑，同时也为了助推租赁行业发展，浙银金租主动对接浙江省地方金融监管局，积极搭建租租合作平台，一方面通过联合租赁、资产转让、银租租、投租租等合作模式，融合各方优势，增强客户服务能力；另一方面主动发挥在数字化建设、风控体系等方面的比较优势，如将租赁系统免费提供给中小租赁公司使用，后续还计划输出资产管控平台，帮助合作同业提升资产管控能力。

我国租赁行业规模在整个金融业中占比非常小，整体市场规模还有很大的扩张空间，租租合作的前景非常广阔。大家应该少一点同质化竞争，多一些优势互补和互利合作，一同把租赁行业蛋糕做大，把租赁行业做强。

第三个专业化是资产管理专业化。这是整个专业化体系的最后一环，也是非常关键的一环。对于以租赁物作为主要风险缓释手段的租赁公司来说，只有形成了专业化的资产管理能力，才更有能力和底气去拓展此前不敢和不愿介入的业务，找到业务的新增长极。在这方面，浙银金租近年来提出以“看得准、管得牢、卖得好”为标准，致力于打造专业化的资产管理体系。在“看得准”上，浙银金租初期主要通过加强与外部评估机构的合作提升租赁物价值评估的准确性，后期将积极整合各类行业数据和公司自身积累的客户数据，如与省“畜牧业产业大脑”开展战略合作，导入全省畜牧业行业数据，为建立模型准确评估资产价值提供大数据支撑。在“管得牢”上，浙银金租开发上线了“惠控”资产管控平台，依托物联网、人工智能、机器学习等技术，通过与GPS、传感器、智能电箱、商业卫星等各类IoT渠道对接，并与船讯网、客户自有系统等平台进行互联，实现对租赁物的动态监测、实时预警和智能管控，足不出户实现有效 “控物”。该平台还先后获评“2021年浙江金融科技年度案例”“2021AIoT数字科技创新应用优秀成果”等奖项。在“卖得好”上，浙银金租一方面依托行业专业化优势，通过构建产业生态圈来打通资产流转渠道，实现出险资产的高效处置，比如公司生猪养殖、船舶等板块的个别项目出险后，通过将资产转让给产业内其他客户，实现了风险的快速化解；另一方面加强与专业设备流转交易平台、阿里拍卖、京东拍卖等的合作，提升资产处置和交易能力，大幅提升资产处置价格和效率。

行业专业化、模式专业化、资产管理专业化是一个完整的体系，覆盖了业务营销、审查审批、资产管理、风险处置等全业务流程。从浙银金租的实践来看，三者缺一不可，需要共同发力，最终形成专业化转型的闭环体系，打造生态化的发展模式。未来金融行业的发展一定是强生态的路径，是融合发展的模式。融资租赁作为与产业紧密结合的金融服务方式，在深耕产业的过程中，需要把自身放到整个生态中去定位，对内要形成多跨协同的经营生态，实现各项业务的联动发展，对外要与各类产业生态体系增强链接，把租赁服务嵌入各个应用场景和生态，打造纵向链接上下游产业、横向整合各类金融业态和第三方服务机构的产融生态圈。这样既有利于批量化和链条式获客，也有利于出险后的高效处置，还能提升创新业务模式、提供综合服务的能力。为此，我们认为，专业化是转型的第一步，生态化才是目标，最终要从做业务向做客户、做产业、做生态转变。

4. 专业化转型的方法有哪些？又有哪些创新模式？

汪国平：专业化转型的出发点和落脚点都要放在满足客户的金融需求上，业务模式和服务方案的设计必须坚持以客户为中心。对于客户而言，除了资金价格外，最为关注的要素就是金融服务的匹配度和效率，而这些都可以通过专业化来实现。同时，浙银金租在推进专业化转型的过程中，还在同步推进平台化合作和数字化改革，通过专业化、平台化、数字化的相互赋能，尽可能为客户提供贴合需求的优质服务。

比如，在平台化合作方面，浙银金租紧跟客户需求多元化趋势，以银租联动、投租联动、租租合作为重点，持续深化与母行等金融机构、各地产业基金、租赁同业等的联动合作，打造多方共赢的平台化服务模式，提升综合金融服务能力。特别是在银租联动方面，除开展常规类的银租联动业务外，近年来着重推动银租联动与专业化转型的有机结合，以“一分行一行业”为方向，围绕各分支行所在区域的重点产业和块状经济，发挥分支行的属地信息优势和公司的专业化转型优势，联动开展行业研究、客户营销和方案设计，提升整体的客户谈判、风险识别和综合服务能力，目前已经在船舶、光伏、现代农牧等领域实现有效突破。此外，在投租联动方面，依托第二大股东浙江金控代管产业基金以及开展产业直投的优势，创设“股权投资+融资租赁”联动合作模式，积极与各类产业基金、各地市金控公司、股权投资机构等开展联动合作，破解部分项目收益与风险不匹配的瓶颈，提升服务初创型、成长型企业的能力。比如，浙江省乡村振兴投资基金初期落地的多笔生猪养殖业务，均与浙银金租合作以投租联动的方式开展。

又如，在数字化改革方面，浙银金租依托浙江数字化生态优势，持续打造具有自身辨识度的数字化改革体系，重点打造场景化业务营销、智能化资产管控、自动化项目审批“三大运用场景”，构建以“惠租”普惠租赁平台、“惠控”资产管控平台、“惠管”数智中台为特色应用的数字化体系，其中“惠控”资产管控平台先后获评“2021年浙江金融科技年度案例”“2021AIoT数字科技创新应用优秀成果”等奖项。在场景化营销和自动化审批上，重点以生猪养殖、户用分布式光伏、商用车等成熟专业化板块为突破口，通过与浙江省“畜牧业产业大脑”、京东农业、阳光电源等开展合作，实现数字化、场景化、批量化获客，目前公司80%以上的客户通过线上渠道获取服务，户用分布式光伏业务实现了全线上化秒级投放，服务效率得到众多头部光伏企业的认可。此外，浙银金租通过与省“畜牧业产业大脑”合作，成功落地种猪抵押和全场抵押试点项目，后续将深化全面战略合作，以数字化方式批量服务省内中小养殖企业。

专业化转型是一条康庄大道，但转型道路不可能一帆风顺，需要突破传统思维、惯性依赖甚至是固有规则，也需要面对更大的风险和倾注更多的精力，早期的投入和产出往往不成正比，如果没有足够的战略定力和自上而下的坚持，很容易半途而废。“道阻且长，行则将至。”我相信，只要有“咬定青山不放松”的决心，坚定不移沿着专业化的道路走下去，最终就一定能够实现转型的成功。也希望后续能够与租赁同业加强交流合作，在专业化转型的道路上携手并行，一起推动我国租赁行业做大做强。

立足湾区、金融起航——南沙金融工作局

1. 请问南沙在助力粤港澳大湾区发展中发挥了哪些作用？

廖晓生：《粤港澳大湾区发展规划纲要》明确将南沙区定位为粤港澳全面合作示范区，要求携手港澳建设高水平对外开放门户、创新发展示范区、金融服务重要平台和优质生活圈。国务院印发的《广州南沙深化面向世界的粤港澳全面合作总体方案》，在国家新区、自贸试验区、粤港澳全面合作示范区等多重战略叠加的基础上，又赋予南沙打造立足湾区、协同港澳、面向世界的重大战略性平台，建设大湾区国际航运、金融和科技创新功能承载区的历史使命。

2. 请问南沙金融业发展现状如何？

廖晓生：南沙自贸区挂牌以来，金融业从零起步、迅猛发展。金融业增加值从2015年的不到1亿元发展到2021年底超过171亿元，占GDP的比重从0.01%上升至8.27%；金融业纳税额连续多年快速增长，金融业增加值和金融业纳税额两项指标均排名全区行业前五。南沙已集聚银行、证券、保险、消费金融、融资租赁、私募基金等23种细分金融类企业累计超6670家，近7年增长54倍，其中持牌法人金融机构15家，占全市的25%；融资租赁企业2209家，占全国的20%。金融业已跻身南沙五大重点产业之一。

围绕南沙重点发展高端制造业、航运物流、人工智能、生命健康的实体产业发展需求，我们重点发展特色金融产业。特色金融服务体系发展方面，跨境金融、航运金融、绿色金融、金融科技、融资租赁、商业保理、股权投资、期货交易八大特色金融服务体系逐步完善。跨境金融方面，出台了自由贸易（FT）账户、跨境双向人民币融资、贸易外汇收支便利化等跨境金融先行先试政策，跨境人民币结算量累计超5400亿元，开设FT账户5800多户，向企业发放FT项下贷款761.88亿元人民币，开立FT项下涉外信用证57笔，合计18116.66万美元。2022年初，南沙作为全国四个试点地区之一，开展了跨境

贸易投资高水平开放外汇管理试点。航运金融方面，打造华南地区最大的船舶资产交易服务平台，累计完成船舶交易4908艘，交易额185.7亿元；珠江航运指数体系被纳入交通运输和邮政业价格统计报表制度；落地全国首个线上航运保险要素交易平台，提供风险保障金额约222亿元。绿色金融方面，落地全国首家气候投融资特色银行支行、首个碳中和融资租赁服务平台等创新机构；成功发行全国首只公募碳中和资产支持商业票据（ABCP）、全国绿色金融改革创新试验区首单绿色债券等创新业务；积极争取气候投融资试点，促进经济社会发展全面绿色转型。金融科技方面，建设全国首个地方金融风险监测防控平台；挂牌成立广州首个国家金融+产业创新中心；国家金融与发展实验室广州基地金融科技研究中心挂牌落地，南沙自贸区内企业巨杉科技、同盾科技、暗物智能、中科汇智等入选了人民银行总行金融科技监管沙盒、广东省供应链金融的试点项目。融资租赁方面，全行业累计合同额近5000亿元，业务范围涉及飞机、船舶、高端装备制造等产业类别，已发展成为全国第三大融资租赁公司聚集地、华南地区最大的飞机船舶租赁集聚区。商业保理方面，累计落户商业保理企业625家，占全省的70%（不含深圳地区），吸引了中铁建、中铁、立白集团等央企、上市公司设立大型商业保理企业；落地了全国首单央企供应链应付账款资产支持票据（ABN）业务。发放的保理融资款本金余额累计超304亿元。股权投资方面，累计落户私募基金1680家，约占全市的20%，落地三大省级政策性基金；管理的资金规模超2000亿元，引导投资区内40多个项目，共计投资超170亿元。期货交易方面，累计落户期货业机构9家，包括首家全外资期货公司摩根大通期货、全国前十的华泰期货；广州期货交易所挂牌成立，正积极推进首个创新性品种尽快落地。

3. *请问在重大金融服务平台建设方面，南沙有哪些成果？*

廖晓生：在重大金融服务平台建设方面，南沙明珠金融创新集聚区、广州期货交易所、高端国际金融智库等重点平台建设初具成效。南沙明珠金融创新集聚区建设，被纳入广州金融功能重点布局版图，已吸引金融科技、投资平台、社会组织、私募基金、商业保理类等大批金融企业入驻。广州期货交易所成功落户南沙，南沙正以此为契机，逐步完善期货产业生态链，规划打造期货产业园，积极推动期现联动，助力建设风险管理中心。推动汇丰全球培训中心、国际人才金融服务中心建设，加强同国家金融与发展实验室等高端金融智库的交流合作，打造金融人才汇聚新高地。国际金融论坛（IFF）已落户南沙，IFF全球年会已在广州连续举办五届，IFF永久会址正在加快建设，将于2023年建设完工。中国金融四十人论坛（CF40）已在南沙落地华南地区运营主体，将深入开展高端金融峰会、金融人才教育等合作。CNBC全球科技大会、大湾区科学论坛等重大行业交流平台，促进了南沙与境内外地区的金融信息互通和进一步创新合作，向世界金融发展传播南沙声音。组建了广州南沙粤港合作咨询委员会金融合作专项工作组，为粤港金融合作、政策试点争取等建立良好沟通渠道，目前正在联合香港地区专家共同研究推进飞机租赁、绿色金融、保险服务等领域互联互通工作。

4. 请问在金融创新试点方面，南沙有哪些改革创新实践？

廖晓生：在金融创新试点经验方面，南沙近年来先后获批全国首批跨境贸易投资高水平开放、自由贸易账户、国际航运保险税收优惠、私募股权投资基金跨境投资等多项创新政策试点，并累计落地近80项金融创新案例或试点，特别是2021年以来，南沙全年推动新增近30项金融改革创新成果，其中17项入选了广东自贸试验区六周年金融开放创新最佳案例、“广东金融创新奖”、人民银行公示的“广州金融科技创新监管工具创新应用项目”、广州首批绿色金融改革创新案例、数字金融创新案例等，有力彰显了改革开放试验田的引领作用。

5. 融资租赁业是南沙重点发展的特色金融产业，其中飞机租赁业尤为突出。请问南沙在飞机租赁领域的扶持政策和发展现状如何？

廖晓生：李克强总理在2015年1月考察南沙时指示，南沙要大力发展融资租赁业。围绕李克强总理的指示和广东自贸试验区、粤港澳大湾区等定位要求，南沙从2015年开始坚定落实金融服务实体经济的本质要求，重点发展融资租赁等特色金融产业，取得了一定的成效。

一是产业营商环境不断改善。南沙先后印发《广州南沙促进融资租赁业健康发展的实施意见》、《推动南沙融资租赁高质量发展三年行动计划（2021—2023年）》及《关于优化提升广州南沙新区（自贸片区）“1+1+10”产业政策体系文件之金融服务业发展扶持办法的实施细则》等，对飞机融资租赁企业给予全方位支持奖励，大力推动南沙飞机租赁集聚发展。南沙“1+1+10+N”产业政策实施以来，已累计投入超150亿元支持企业和人才落地发展。南沙又推出更有竞争力的“四链”融合政策体系，未来五年预计投入200亿元，助力企业发展。

二是飞机租赁业务加速集聚。南沙自贸区仅用三年时间便实现租赁民用飞机破百架，增速领跑全国。目前南航国际租赁、南航南沙租赁、天合国际租赁等大型专业航空租赁企业总部已落户南沙，交银金租、昆仑金租、浦银金租、中航租赁等大型租赁公司在南沙开展飞机租赁业务，并已向南方航空、东方航空、印度尼西亚狮航、俄罗斯航空、阿联酋航空和卡塔尔航空等多家航空公司提供租赁服务。

三是发展飞机租赁全产业链。从2018年开始，广州南沙从新飞机租赁业务延伸至二手飞机资产处置业务，同时，保税业务种类从飞机整机租赁拓展到航空器拆解，航空器改装，维修、供应适航航空器及零部件，航空材料回收等业务，推动航空上下游产业集聚发展。

四是业务创新不断取得突破。南沙飞机租赁企业不断创新业务模式，先后落地全国首单资产包跨境转让、全国首单二手飞机混合资产包跨境租赁交易、大湾区首个“香港+保税港区”飞机跨境转租赁项目、广东自贸区首单离岸租赁等多项业务创新。同时，建立海关、税务、外管等多部门联席会议制度，构建协调会商平台，及时解决飞机租赁企业存在的问题。

深化产融结合助力绿色低碳转型
——申能租赁

1. 请问申能租赁在经营理念和经营模式上有哪些特色？

高一翔：自2016年11月8日成立以来，作为上海自贸区内首批内资试点融资租赁企业，申能租赁紧跟国家光伏、风电、储能等战略性新兴产业发展方向，始终围绕服务集团主业的初衷，专注于发挥自身在能源行业的专业优势，助力申能集团新能源产业的发展。申能租赁通过不断增强市场意识、责任意识、风险意识和效率意识，充分发挥租赁牌照优势，快速提升对能源产业的认知，深度挖掘租赁链接产业和金融的独特价值，通过对租赁债权、租赁物权、项目股权等的把控，将业务的总体风险降至可控范围内，实现了自身的高质量成长。

在经营理念上，申能租赁坚持依托申能集团在绿色能源领域的产业布局，深耕新能源领域。申能租赁的控股股东申能集团成立于1987年，注册资本200亿元，是上海市国有资产监督管理委员会出资监管的国有独资企业集团。集团系统企业近200家，员工1.8万余人，直属企业包括申能股份、上海燃气、东方证券、上海电缆研究所等，是一家涉足电力、燃气、金融、线缆、氢能、环保等领域的综合性能源企业集团。2021年末，集团总资产2155亿元，当年营业收入559亿元，归母净利润50亿元，连续多年名列中国企业500强。申能租赁自成立以来，始终坚持围绕集团绿色产业进行展业，绿色租赁业务占比超过95%。申能租赁致力于成为专注绿色租赁发展、具有专业特色的融资租赁公司，目前担任上海市租赁协会副会长单位、绿色租赁专委会秘书长单位。

在经营模式上，申能租赁坚持产融结合，服务实体经济，聚焦能源产业，回归租赁本源。能源类项目普遍存在项目投资金额大、项目回收期长等特点，但主流资金来源却普遍以短期资金为主、长期资金为辅，项目建设期和运营初期资金来源不足对能源项目大规模建设形成了较大制约，而申能租赁在新能源项目建设初期就深度介入，为客户提供项目建设的配套资金，因此申能租赁的直租比例非常高，接近80%。

在直租模式下，申能租赁将自身积累的风险识别能力和产业洞察能力应用在集团新能源项目上，从金融视角出发，从事前、事中、事后三个方面对项目进行风险把控，对相关项目形成有效的风控补充，助力集团新能源产业的稳健开拓。

2. 据了解，近几年申能租赁发展势头极佳，营业收入、资产规模、净利润等多项指标均实现快速增长。请问目前申能租赁发展战略是什么？产业布局结构是怎样的？

高一翔：近年来，申能租赁在服务绿色产业的过程中，实现了自身主要经营指标的稳健、快速增长。截至2021年末，申能租赁资产余额113.15亿元，2021年实现营业收入4.36亿元，拨备前净利润1.51亿元，均创下历史最好水平。截至2021年末，累计投放突破200亿元大关，为集团近40个新能源项目提供了约126亿元的资金支持，投放的新能源项目累计装机容量超260万千瓦。

申能租赁坚持以“立足集团、深耕产业，纵向延伸、横向合作”为主要发展战略。立足集团指立足申能集团，以服务新能源产业发展为首要任务，发挥产融结合的行业优势。深耕产业指与集团内产业单位广泛协同，新能源介入比例大，预收购全覆盖，在集团新能源业务起步之初构建了“产业+金融”的有力外拓模式。申能租赁自成立以来有力地支持了集团新能源业务的发展，对集团预收购项目实现全覆盖。

同时，申能租赁希望通过纵向延伸战略，围绕新能源产业，在产业链上下游实现业务的延伸，尤其是持续支持集团新兴产业。在氢能领域，申能租赁加大融入深度，按照集团“三纵三横”战略发展氢能业务，加大对加氢站、氢能源车辆、风光制氢等业务模式的探索。

横向合作方面，申能租赁加大与“五大四小”能源企业，环渤海、长三角、珠三角省级能源企业以及优质能源上市公司的横向合作力度，同时加强与股东背景相仿、风险管理理念相近的租赁公司同业的交流合作。

申能租赁目前的产业布局主要在风电、光伏等主流新能源发电领域，同时在氢能、储能、瓦斯发电、环保等领域均有不同程度的涉足。例如，在山西某煤矿，申能租赁通过租赁赋能，对其25MW瓦斯发电项目设备采购进行全面融资支持，同步实现两个节能减排目的：一是通过氧化销毁煤矿风井排空的瓦斯（甲烷），实现温室气体的大规模减排；二是利用瓦斯燃烧的热量，同步建设分布式热电联供系统，替代原有的小型燃煤锅炉，淘汰落后能源设备。在湖南某市，申能租赁对电网侧储能项目进行融资支持，提升湖南省内风、光新能源的消纳能力，每年可减少弃风限电1600万千瓦时。

未来，申能租赁将继续深入布局新能源、氢能、储能、环保等产业板块，探索稳健开展新能源业务的道路。

3. 绿色能源、“双碳”经济是近几年国家重点发展领域之一。申能租赁依托申能集团产业背景在绿色能源、“双碳”经济产融结合领域有颇多探索。请问在产融结合业务模式方面，申能租赁有哪些成功经验可以分享？

高一翔：租赁公司因其业务融资融物特性，在产融结合方面有着天然的独特优势。成功的经验谈不上，申能租赁也正在不断地摸索之中，在这里可以和大家分享两种正在研究探索的模式。

一种是“租投联动”的模式。新能源是资金密集型行业，而且一般以项目公司的形式开展。租赁公司可以在高比例债权出资的基础上，通过基金引入、企业合资等形式开展一定比例的股权投资，可以增强项目的风险把控能力、优化租赁公司的风险收益比，构筑租赁公司的差异化竞争优势，提升整个租赁行业产业化发展的新格局。具体操作模式可以因地制宜、形式多样。比较普遍的模式，一是租赁公司联合外部产业公司，一起设立产业基金，共同开发和投资项目，通过基金的并表和出表设计，解决集团资产负债率问题。二是租赁公司下设或平行设立投资公司，当承租人或其实控人出现资金困难的时候，投资公司可以对该项目进行收购，既保障了租赁项目的安全性，也实现了对优质项目的及时收购，增加租赁公司的盈利模式。

另一种是“租碳联动”的模式。绿色租赁的客户群集中于能源领域，该客户群天然地同步涉及租赁需求和碳资产管理需求，向客户整合营销和提供一揽子绿色租赁服务与碳资产管理服务，可以为客户多维赋能，增加客户的业务黏性，增强租赁公司的差异化竞争力。利用碳资产增加融资租赁工具的赋能强度，可以通过两种形式。一是将碳资产纳入租赁物范畴。从原理上来说，随着碳交易活跃度的提升，能源企业的碳资产公允价值清晰，产权归属和交易痕迹清晰可溯，具备成为租赁物的条件。2022年7月，上海市人大常委会审议通过《上海市浦东新区绿色金融发展若干规定》，其中第十八条明确提出，支持登记注册在浦东新区的融资租赁公司探索开展绿色低碳相关技术专利等无形资产的融资租赁业务。二是通过碳资产进行增信。随着碳市场的打开，租赁公司对于碳资产的认可程度不断提升，面向控排企业的碳配额质押增信和面向非控排企业的CCER质押增信融资蔚然兴起。

随着金融同业竞争的加剧，融资租赁公司传统的利差模式将面临巨大的挑战，需要寻找差异化的发展道路，构建自身的核心竞争力，因此创新发展无法回避。

4. 据了解，申能租赁现有项目中90%为集团内部业务，业务范围涉及全国19个省份。中国人民银行发布的《地方金融监督管理条例（草案征求意见稿）》要求融资租赁公司原则上不得跨省经营。请问申能租赁如何看待融资租赁跨省经营问题？将如何应对融资租赁公司跨省经营问题？

高一翔：我们认为融资租赁公司跨省经营是由其业务本质属性决定的，不应受到相应的限制，而且对商租进行跨省经营的限制，违背公平竞争的市场原则。但与此同时，我们也需要正面理解监管的意图：一是坚持审慎经营的原则，强化合规管理；二是充分体现租赁公司的属地经营优势，发挥地方租赁公司在展业、租赁物管理、资产处置等方面的属地优势，净化租赁行业，使行业稳健发展。

因此，为了能够从根本上防范风险，符合监管导向，申能租赁会继续做以下几方面努力：一是继续坚持合规稳健的经营原则，不断提升自身的合规经营能力，完善全面风险管理体系，争取在监管评级中继续取得佳绩；遵守监管机构发布的各项防风险的政策，牢牢守住风险底线，确保符合监管导向。具体而言，申能租赁将继续深耕绿色租赁，保持业务方向向国家“双碳”战略看齐；继续坚持以直租为主的业务类型，利用租赁工具实实在在地服务好绿色项目建设；继续锚定实体经济，杜绝金融空转现象，切实反哺实体经济、服务实体经济。二是继续坚持服务新能源主业，保持申能租赁现有的本地管理优势。虽然申能租赁目前的主要客户为新能源项目公司，大多为注册在外地的SPV公司，但这些SPV公司的最终投资方主要还是在上海本地，实际管理工作也统筹于上海总部。因此，以股权穿透来看申能租赁还是主要服务上海本地企业。由于与客户总部同属上海，申能租赁在业务开展、租后管理、客户服务等方面均有先天优势，能够做到与监管部门审慎经营的监管意图相一致。三是继续与监管机构保持良好顺畅的沟通，努力让监管机构了解申能租赁经营状况和风险水平，争取在监管政策上获得更大发展空间，确保能够持续获得稳定的内外部经营环境。

智慧普华访谈
——租赁高管系列访谈第十七期

孙雨潇：请宋总简要介绍一下智慧普华的基本情况。

宋滔：浙江智慧普华融资租赁有限公司（以下简称智慧普华），成立于2013年8月，注册资本1.0786亿美元，公司股东为浙江众尖投资有限公司、法国巴黎银行个人金融集团、浙江吉利汽车有限公司和吉利国际（香港）有限公司。智慧普华以吉利控股集团丰富的产业资源和法国巴黎银行个人金融集团成熟的风险管理体系为依托，在29个城市设有机构，业务覆盖全国。智慧普华目前主要为个人和企业提供吉利控股集团旗下品牌车辆的专属融资租赁产品和服务。经过多年发展，智慧普华具备雄厚的租赁产品研发、外部资金融通及业务风险管控能力，致力于为客户提供专业、灵活、便捷的融资租赁服务。

孙雨潇：请问宋总，智慧普华在C端市场开展汽车融资租赁业务时，风控体系是如何构建的?

宋滔：得益于集团成立35年来形成的严谨管理体系，智慧普华在人事、财务、法务、合规和内审等方面建立了稳健的管理制度和严格的内控流程，专注所处领域的风险管控和业务发展；2021年法国巴黎银行个人金融集团入股，智慧普华成为合资企业，对公司治理提出了更高要求，智慧普华在不断完善执行委员会、风险控制委员会、财务委员会、内审委员会等的同时，借助商业银行的管理经验，在风险分析、风控模型和数据治理等方面显著提升。

孙雨潇：自2021年底开始，新冠病毒疫情反复出现，对智慧普华有何影响?公司又是如何应对的?

宋滔：疫情确实对很多行业产生了冲击，汽车行业也不例外。以芯片为例，一段时间以来，汽车企业普遍面临缺芯问题，从而导致汽车销量增长放缓，甚至下降；受疫情影响，部分客户还款压力有所增大，提出了延期还款的申请，智慧普华结合实际情况，进行了人性化的政策调整。

智慧普华积极开展集团内部的战略协同，包括汽车研发、制造、销售和出行等环节。例如，集团拥有几家汽车出行公司，包括曹操出行、耀出行、礼帽出行、幸福千万家和小灵狗出行，出行公司致力于用户开拓、网络发展、车辆运营和平台管理，智慧普华作为融资租赁机构，为其提供融资租赁服务，发挥了集团内部战略协同作用。

孙雨潇：不同于乘用车，商用车存在车辆改装、运输货物、运输范围等不确定性，车辆折损程度千差万别，导致无法统一车辆的折旧方式和计量方式，难以形成有效的估值标准和权威的车辆交易处置平台。据了解，智慧普华协同吉利商用车集团在商用车融资租赁领域也有所布局，请您简单介绍智慧普华是如何解决二手商用车处置难题的。

宋滔：商用车领域是一片蓝海，以前融资机构不多，现在有很多金融机构，特别是融资租赁公司纷纷开展此类业务。行业较为领先的融资租赁公司有狮桥租赁、海通恒信、民生金租等，智慧普华还处于学习和探索的阶段。商用车融资领域，特别是重卡领域，面临各种各样的风控难题。以重卡为例，第一，由于疫情影响，司机或面临高速公路封堵问题，收入不稳定性进一步加大。第二，司机水平参差不齐。对于经验丰富的老司机，其有稳定的货源，收入相对稳定，但对于新司机而言，所接货运订单存在路途不便、时间不定等问题，因此短期内部分新司机会选择放弃，提前归还租赁的汽车。对于提供汽车融资的公司而言，二手车价值大打折扣，损失惨重。因此，二手车处置对于商用车融资租赁公司而言是公认的难题。

未来，智慧普华会尝试加大商用车经营性租赁业务比重，通过和物流平台企业合作或者自持，采用经营性租赁的方式将其租给承租人，从而避免承租人在不稳定期所产生的风险。

孙雨潇：在国家推进金融供给侧结构性改革、科技赋能金融创新发展的战略布局下，数字化系统对于融资租赁公司发展的重要性不言而喻。请问智慧普华是如何搭建适合自己的数字化系统的？

宋滔：智慧普华通过外部导入和自身研发两种途径，不断完善核心业务系统。融资租赁数字化系统供应商较多，不同类型的融资租赁业务，其业务模式、风控逻辑都有明显区别，对数字化系统的需求也有所不同。对于智慧普华，更多的是面对C端零售业务，因此合作对象将会选择专业负责汽车零售业务的系统开发商。智慧普华IT团队占全体员工的比重超过行业平均水平，公司拥有自己的系统开发能力，可以对业务系统进行及时的升级迭代，以满足业务多样化的需求，形成适合自身业务发展需要的数字化体系。

未来，对于智慧普华而言，实现数字化转型仍然是科技创新发展的方向，希望通过不断的探索和完善，为主机厂、经销商和购车客户提供线上租赁产品和服务，提升客户体验。

孙雨潇：智慧普华除了开展传统汽车融资租赁业务外，是否在其他领域也有布局？

宋滔：为集团旗下品牌车辆销售提供融资租赁服务是智慧普华的基盘业务。在基盘业务之外，智慧普华也在尝试探索新业务。以摩托车业务为例，为配合集团旗下摩托车品牌的销售，智慧普华主要针对大排量、高端摩托车提供融资服务。

除了上述车辆业务，智慧普华也在探索新能源汽车周边产品。第一个是新能源汽车充电桩。目前，新能源汽车充电桩都以随车赠送的方式获得。但在未来，如果存在买车没有送充电桩的情况，智慧普华可以为其提供融资租赁服务。当前新能源汽车充电桩设备在一、二线城市有较好的普及，但在三、四线城市，甚至农村地区，充电桩数量仍十分有限，未形成规模经济效益，随着未来新能源汽车的普及，相信有良好的发展前景。第二个是新能源汽车换电站。换电站造价相对较高，商用车换电站造价往往上千万元，乘用车换电站造价通常上百万元，有较大的融资需求，对于融资租赁公司而言是较为理想的标的物。

第二部分　业务风控

租投联动的商业逻辑与关键要素

何融峰
中关村科技租赁股份有限公司

一、租投联动的起源

（一）定义

租投联动，是指租赁公司与租投联动基金共同为科创企业提供的结构化融资安排，其核心要素在于租赁公司能够发起成立与其业务合作紧密的基金，从而实现结构化融资安排。科创企业通过租投联动的结构化融资安排，一是可以平衡租赁债权融资风险；二是可以降低科创企业的融资成本及债权融资成本；三是可以避免创始人在企业早期阶段股权被过度稀释，后期失去对企业的控制权；四是可以满足科创企业多元化的融资需求。

（二）起因

在技术发展方面，伴随第四次工业革命，人类步入智能化新时代，人工智能、生物技术、清洁能源技术等新兴技术快速发展。在政策驱动方面，2012年，党的十八大提出了国家创新驱动发展战略。2016年5月，中共中央、国务院发布《国家创新驱动发展战略纲要》。在产业发展方面，战略性新兴产业蓬勃发展，催生了大量的科创企业。但科创企业信用能力弱，融资难、融资贵成为社会痛点。

（三）发展历程

1. 认股权贷款：最早产生于20世纪70年代的美国，信贷机构为支持创业企业的发展，以银行信贷附加认股权方式为其贷款，其目的是平衡债权的风险。典型企业有硅谷银行、硅谷浦发、杭州银行、中关村银行等。

2. 股债联动：银行信贷与股权投资业务相结合，也称投贷联动。2016年，国家开发银行、中国银行、硅谷浦发、北京银行等10家银行成为首批投贷联动试点银行。

3. 认股权租赁：2013年借鉴硅谷银行的模式，通过融资租赁业务附加认股权，平衡租赁业务风险。

4. 租投联动：2019年发起成立第一只租投联动基金。租投联动业务模式提供集融资租赁、股权投资、产融结合于一体的融资服务，帮助科创企业成长。

二、租投联动的商业逻辑

租投联动的商业逻辑分为发现、培育、投资、赋能四个部分。一是发现，租投联动专注于服务科技和新经济企业，其主要目的是发现和培育独角兽企业及具备独角兽潜力的企业。但是，与基于财务结果的传统信用评价不同，租投联动更关注客户的成长因子。只有具备租投联动的风控理念和评级模型，才能够优先于一般租赁公司发现具有高成长性、高潜力的企业。二是培育，通过丰富的租赁产品帮助科创企业快速发展，并与之签订认股权协议。三是投资，通过租投联动基金实现认股权的行权。四是赋能，产融结合，助力企业成为专精特新、隐形冠军、独角兽。

三、租投联动的主要业务模式

（一）"租赁 + 认股权"

某商厨机器人服务商成立于2016年，核心团队来自美团，主营业务为后厨智能设备制造及运营服务。2018年，中关村科技租赁提供首笔融资350万元并签订认股权协议。通过8笔租赁业务近1.3亿元的服务支持该企业发展，企业近两年收入复合增长率超过100%，实现了快速发展，成长为全球增速最快的商厨机器人服务商。2020年，租赁基金在B轮时通过认股权实现行权，投资金额1500万元。该轮投资是创始人领投，此前已有源码资本、真格基金、蓝图创投等知名投资机构进入。2021年，租赁基金在D轮时退出，持有18个月，实现3.6倍收益。

（二）“租赁＋投资”一体化服务

通过“租赁+投资”一体化的形式，实现以租代售，提升市场竞争力，从而帮助客户解决销售痛点。某机器人公司成立于2015年，主要面向船舶行业进行智能特种机器人自主研发，已研发了两款高空爬壁机器人（磁力吸附型），适用于风电、船舶等钢铁壁面，技术达到世界领先水平，是国内第一家实现高空作业机器人产业化的公司。创始人博士毕业于清华大学机械系，创始团队大多出自清华大学。由于产品为特种机器人，单价高、客户接受度弱。2019年12月，中关村科技租赁通过“租赁+投资”的方式为其设计了以租代售的模式，帮助企业解决销售痛点，实现快速回款，迄今已累计支持3000万元，其中租投联动基金投资近1000万元。在中关村科技租赁的支持下，企业顺利完成了国内船舶除锈机器人首个批量化落地订单，估值大幅提升，2020年后估值提升超过3倍。

（三）产融结合解决方案

某智慧物流企业成立于2014年，是一家具有自主创新能力的智能仓储设备及解决方案公司。2018年，企业推出了拥有自主知识产权的“拣选蜘蛛系统”（Picking Spider），服务客户有耐克、阿迪达斯、三星等跨国企业。2021年11月，完成了5000万美元的B轮融资，投资方为XVC、云锋基金、旷视、百度风投和金沙江联合。为了满足企业的融资需求，中关村科技租赁以产融结合方案为其提供融资服务。第一，由中关村科技租赁旗下基金管理公司与企业及其高管团队共同设立SPV公司；第二，中关村科技租赁为SPV公司提供融资租赁服务；第三，SPV公司对下游客户提供设备出租服务。中关村科技租赁通过该方案，一是满足下游客户差异化的设备服务需求，提升客户产品市场竞争力；二是帮助企业完成资产出表，改善收入结构和盈利结构。

四、租投联动的关键要素

（一）客户定位和客户选择及风险控制

1. 客户定位。

（1）VC/PE投资企业、国家高新技术企业。

（2）从事智能制造和新型基础设施设计、制造及运营的企业。

（3）实行轻重资产分离的运营型企业。

2. 客户选择及风险控制。

（1）构建客户主体成长性评级模型，严格客户准入条件。不同于基于财务结果的传统评级模型，租投联动的信用评价基于客户成长因子。

（2）客户授信和定价管理。

（3）租赁物准入和评级，包括租赁物的变现性、可控性、科学性等。

（4）认股权风险分担。

（5）租后及投后管理。

（二）认股权管理和租投联动基金的投资策略

1. 认股权管理。认股权管理作为租投联动风险控制的重要环节，一方面可以加强项目风险管理，另一方面可以提升公司未来收益水平。认股权管理由认股权协议签订要素和认股权价值评估组成。认股权协议签订要素包括行权金额、行权价格、行权时间、行权条件，认股权价值评估包括签约评估、定期评估、转让价值评估。

2. 租投联动基金的投资策略。第一，聚焦细分赛道，研判行业周期、产业周期、技术发展趋势。第二，租投联动需在企业估值还未大幅上涨时提前介入，从而获得较大的增长空间，并且以租赁业务为流量入口，做到优中选优。第三，通过认股权行权，不仅可以降低投资成本，还可以延长决策时间，从而提升基金安全边际。第四，以“租赁工具和租赁公司资源” 多层次赋能被投企业成长。

3. 产融结合。租赁公司与产业链核心企业（被投企业）基于共同的目标，通过股权结合或人事安排的方式进行深度融合。通过产融结合，运用租赁工具，一是可以帮助企业提升产品市场竞争力。二是可以帮助企业实现轻资产运营，提升企业资本市场价值。三是租赁公司可以借助核心企业的市场开发能力和设备资产管理能力，做大做优租赁资产。四是租赁公司可以改善收入结构和盈利结构。五是租赁公司可以分享核心企业在资本市场价值增长的利益。

光伏电站及ORC发电站类——碳中和项目融资租赁业务机会及产品设计[①]

侯生忠
中国民主建国会浙江省委员会城建环保委
浙江臻能新能源科技有限公司

在全球性碳中和行动和“双碳”产业大发展的背景下，光伏电站、工业低温放散废热ORC发电站、储能电站等碳中和类项目正迎来大爆发。笔者认为，融资租赁公司是最适合为这类项目提供碳中和金融服务的金融机构，应当紧紧抓住这一趋势和机遇，加紧推出相应的融资租赁产品。

一、“双碳”国家战略需要足够的碳中和金融支撑

从宏观层面看，2060年要实现碳中和，全国所需资金约为140万亿元，显而易见，金融是实现碳中和的关键保障要素。只有解决好风、光、储、充、余热发电站等终端应用类碳中和项目的中长期贷款，才能建设和建成大规模的碳中和项目来冲减和中和碳排放，也才能从需求侧大力拉动“双碳”产业发展。但从当前融资租赁公司经营现状看，即便在人民银行总行已明确从速推动1.75%利率的碳金融工具应用工作的情况下，一些融资租赁公司仍没从速重视和抓住这个机会，没有建立标准化的碳中和项目认知体系、项目导入体系、市场推广体系和风控体系，缺少对多维度、多层次、标准化碳中和项目

① 本文完成于2022年。

信贷产品的顶层设计。

二、光伏电站和ORC电站行业有巨大的市场机会

（一）光伏电站装机容量逐年快速增长

光伏电站从2000年开始发展至今，从投资初装补贴时代走到度电补贴时代，之后迎来2018年的“5·31新政”，[①]补贴骤降，倒逼技术创新和市场化，一路到2021年进入大部分市场化时代。应当讲2021年除了民居还有很少的度电补贴，其他光伏电站类型全部进入无补贴的市场化时代。在2020年开始的“双碳”战略影响下，在欧美纷纷筑起碳关税壁垒的催化下，光伏电站全球装机量正在迎来史无前例的暴涨，在未来的三年内，很快可以达到300GW年装机容量，国内市场一般占有50%的份额，预计所需资金约为6000亿元。

（二）ORC 发电站正在崭露头角

工业低温放散废热是指大型工业企业的工艺装置的伴生热，工艺无法再利用，直接低温放散废热（温度一般<150℃）。我国工业中能源消耗约25%转化为低温余热资源，浪费严重。以2016年为例，我国能源消费总量43.6亿吨标准煤，其中低温余热资源约6亿吨标准煤，总量巨大。中、高温余热引起行业重视，已开始被广泛回收利用于发电，如水泥余热。低温放散废热利用案例极少，多采用回收供暖方式，可开发空间大。化工、电力等高能耗企业中广泛存在低于150℃品位放散废热，废热广泛存在于烟气、热液、乏气。低温余热资源回收的最佳手段是，有机工质朗肯循环（ORC）采用低沸点有机工质（如五氟丙烷R245fa），与低温余热源换热，吸热后相变蒸发，产生高压蒸汽，推动膨胀机转动，带动发电机发电。2015—2021年，全国开工的低温余热发电项目不足30个，在非地热发电项目，总装机容量不足30MW。在“双碳”战略促动下，这类项目从无所谓或可做可不做，变成石化、造纸、冶

① 指《关于2018年光伏发电有关事项的通知》。

金、电力、建材等高能耗企业能耗双控及碳排放双控的标准动作。这是一片开始崭露苗头的蓝海市场，预计投资总额在1万亿元以上。

三、加快建立标准化的光伏电站和ORC电站贷款体系

“取势、明道、优术”。光伏电站等新基建项目是继地产之后的新经济引擎。从金融机构角度看，大有大的机会，小有小的机会。融资租赁机构须把握趋势，明确战略和宗旨，加速落实碳中和项目贷款四个方面的标准化体系：

（一）积极主动的碳中和知识内训体系

通过“请进来”和“走出去”的方式，加强碳中和业务知识培训和认知提升，由被动式接受新生事物向主动性融合和消化新生业务转变。

（二）多层次多角度的信贷产品体系

参照房地产开发贷、公积金贷款和按揭贷等，开发与设计不同的贷款品种。对于光伏电站、ORC发电站等低碳或者零碳能源终端应用项目，可推出5~15年不等的电站项目贷，以及上下游产业所对应的供应链金融、流贷品种。对于基于电、热、冷、汽、水、物等资源的节能减排类碳中和项目，可推出5~10年不等的合同能源管理贷、节能贷、环保贷、电力微网改造贷，以及这些项目上下游所对应的供应链金融、流贷品种。对于自然循环端的生态碳汇，可以开发中长期的碳排放贷、碳排放配额贷以及其上下游所对应的供应链金融及流贷产品。

（三）产融高度结合的市场化体系

加快建设碳中和信贷业务的主动性、市场化感知、获客、推广和销售体系，以术业专攻为原则，重视、倡导和加大与专业化碳中和产融深度结合服务平台的合作力度。

（四）积极而审慎的风控体系

以碳排放增减贡献度为标准，逐步建立碳中和项目排放识别、认证和

导入体系，对碳中和产业和项目进行分类评价与管理，对于高碳排放的行业要加强风险管理，对于对碳减排贡献大的行业要加大贷款支持力度；同时基于以分布式碳中和项目为主的市场特点，切实落实支小政策，加大对小微企业和中小碳中和项目的贷款支持，减少贷款必须有房产抵押的“当铺”思维和不深入研究行业项目的习惯，逐步导入和树立资产抵押和现金流兼顾的信贷投放思维，以碳中和项目本身逐年回流的电费、节能等收入为第一还款来源，以碳中和项目公司股权质押、设备抵押、收费权监管和股东连带担保作为主要的增信措施，来开发设计信贷产品和投放资金。

知识产权租赁及证券化的前沿探讨

刘焕礼
中科新基建产融研究院

一、中国知识产权市场概览

（一）知识产权概述

知识产权是指人们就其智力劳动成果所依法享有的专有权利，通常是国家赋予创造者对其智力成果在一定时期内享有的专有权或独占权。

2021年10月9日，国务院颁布《“十四五”国家知识产权保护和运用规划》，提到“我国正处于实现中华民族伟大复兴的关键时期，经济已由高速增长阶段转向高质量发展阶段，创新驱动发展战略深入实施，现代产业体系建设加快推进，高水平对外开放不断深化。创新是引领发展的第一动力，保护知识产权就是保护创新。”

到2025年，“知识产权转移转化体制机制更加完善，知识产权归属制度更加健全，知识产权流转更加顺畅，知识产权转化效益显著提高，知识产权市场价值进一步凸显，专利密集型产业增加值和版权产业增加值占GDP比重稳步提升，推动产业转型升级和新兴产业创新发展”。

（二）中国知识产权发展局面持续向好

国家知识产权局知识产权发展研究中心发布的《2020年中国知识产权发展评估报告》显示，全国知识产权发展状况指数以2010年为基期年份，即设置2010年综合及创造、运用、保护、环境发展指数为100进行测算，2020年全国知识产权综合发展指数达到304.7，较上年增长9.2%，知识产权综合实力稳步提升（见图1）。2020年中国知识产权创造指数平稳增长，运用指数明显提升，保护指数持续提高，环境指数继续向好。

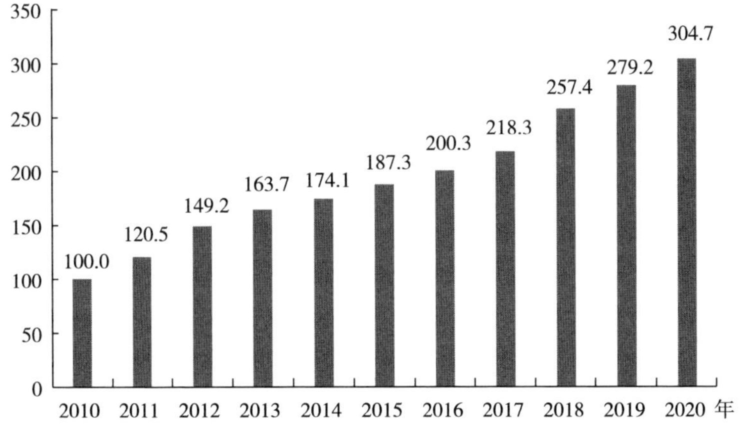

图1　2010—2020年全国知识产权综合发展指数变化情况

从2020年全国各地区知识产权综合发展指数来看，广东、江苏和北京排在前三位，长三角、珠三角等沿海地区综合发展指数明显高于全国其他地区，知识产权发展水平全国领先（见图2）。

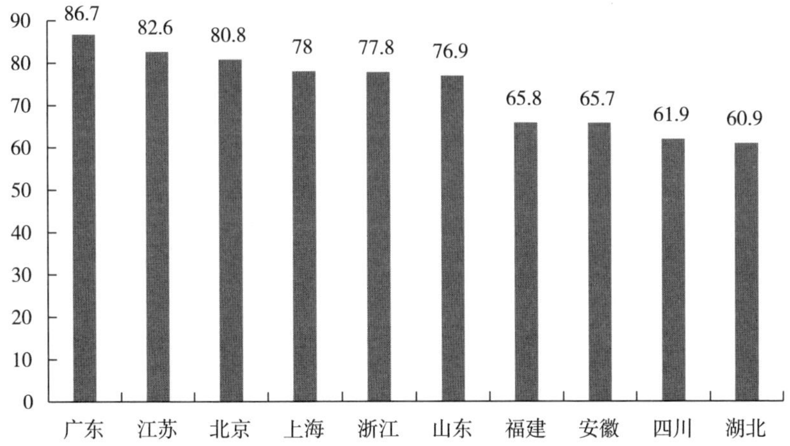

图2　2020年全国各地区知识产权综合发展指数及位次

二、知识产权市场融资概览

（一）政策持续助力知识产权融资

表 1　2015—2022 年知识产权助力政策

时间	文件	内容
2015 年 12 月	国务院关于新形势下加快知识产权强国建设的若干意见	创新知识产权投融资产品，探索知识产权证券化，完善知识产权信用担保机制，推动发展投贷联动、投保联动、投债联动等新模式。在全面创新改革试验区引导天使投资、风险投资、私募基金加强对高技术领域的投资
2017 年 8 月	国务院知识产权战略实施工作部际联席会议办公室关于印发《“十三五”国家知识产权保护和运用规划重点任务分工方案》的通知	探索开展知识产权证券化和信托业务，支持以知识产权出资入股，在依法合规的前提下开展互联网知识产权金融服务，加强专利价值分析与应用效果评价工作，加快专利价值分析标准化建设。探索知识产权证券化，完善知识产权信用担保机制，推动发展投贷联动、投保联动、投债联动等新模式。创新知识产权投融资产品。在全面创新改革试验区引导创业投资基金、股权投资基金加强对知识产权领域的投资
2018 年 11 月	国务院关于支持自由贸易试验区深化改革创新若干措施的通知	支持在有条件的自贸试验区开展知识产权证券化试点
2018 年 12 月	国务院知识产权战略实施工作部际联席会议办公室关于总结 2018 年地方战略实施工作编制 2019 年工作要点的通知	创新知识产权投融资产品，探索知识产权证券化，完善知识产权信用担保机制
2019 年 2 月	国务院关于全面推进北京市服务业扩大开放综合试点工作方案的批复	拓宽融资渠道。积极推动知识产权、股权及相关实体资产组合式质押贷款新模式。完善中小企业发展基金运作和中小企业公共服务平台建设。探索知识产权证券化
2019 年 2 月	粤港澳大湾区发展规划纲要	深化区域创新体制机制改革。开展知识产权证券化试点
2019 年 6 月	推动知识产权高质量发展年度工作指引（2019）	扩大知识产权金融服务范围，推动专利商标混合质押，鼓励开发知识产权综合险种，加快推进知识产权证券化试点。推进知识产权强企建设，落实好知识产权服务民营企业创新发展政策措施

续表

时间	文件	内容
2019年5月	财政部办公厅　国家知识产权局办公室关于开展2019年知识产权运营服务体系建设工作的通知	丰富知识产权金融服务供给内容。拓宽现有产投、创投基金投资方向，将知识产权服务机构、高价值专利培育项目纳入投资对象；鼓励知识产权运营基金差异化发展，探索形成基于企业知识产权价值发现的投贷联动模式；引导建立知识产权运营基金，围绕战略性产业投资运营专利、商标，构建高价值知识产权资产组合；积极推进知识产权证券化工作
2019年8月	中共中央　国务院关于支持深圳建设中国特色社会主义先行示范区的意见	探索知识产权证券化，规范有序建设知识产权和科技成果产权交易中心
2019年5月	浦东新区建设知识产权运营服务体系专项资金实施细则	支持企业与金融机构合作，探索知识产权证券化。对以知识产权为基础资产公开发行资产证券化的发起单位给予一次性奖励，奖励金额为发行规模的5%，最高不超过500万元

（二）知识产权密集型产业增长为知识产权金融奠定基础

《“十四五”国家知识产权保护和运用规划》提到，“十三五”时期，国内每万人口发明专利拥有量从“十二五”末的6.3件增加到15.8件，专利、商标、版权、植物新品种等知识产权数量位居世界前列。专利密集型产业增加值占国内生产总值（GDP）比重超过11.6%，版权产业增加值占GDP比重超过7.39%。

积极稳妥发展知识产权金融。优化知识产权质押融资体系，健全知识产权质押融资风险管理机制，完善质物处置机制，建设知识产权质押信息平台。支持银行创新内部考核管理模式，推动银行业金融机构用好单列信贷计划和优化不良率考核等监管政策，在风险可控的前提下扩大知识产权质押贷款规模。鼓励知识产权保险、信用担保等金融产品创新，充分发挥金融支持知识产权转化的作用。在自由贸易试验区和自由贸易港推进知识产权金融服务创新。健全知识产权价值评估体系，鼓励开发智能化知识产权评估工具。

（三）知识产权融资持续上升

据国家统计局公开数据，2021年，国内中小企业知识产权质押融资3098亿元，较2010年增长100倍（见图3）。2010—2021年，全国专利权质押融资规模大幅度上升，在与金融有效结合、深度融合的基础上，中小企业除了可以运用知识产权向银行进行质押融资外，随着投资基金、信托以及资产证券化等知识产权的新型金融业态不断涌现，中小企业知识产权融资的内涵也变得日益丰富。

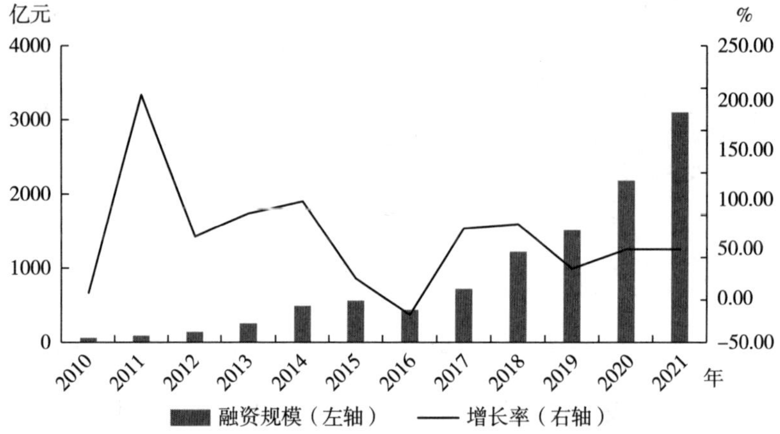

图 3　2010—2021 年中小企业知识产权融资规模

（四）“银行贷款＋知识产权质押”融资模式

1. 知识产权质押融资模式——“银行贷款+企业专利权/商标专用权质押”。这是由政府引导、北京市首创的一种直接质押担保融资模式。例如，交通银行北京分行推出了以“展业通”为代表的中小企业专利权和商标专用权质押贷款品种，以及“文化创意产业版权担保贷款”产品。

2. 外部担保+知识产权反担保模式——“银行贷款+政府基金担保+专利权反担保”。这是以政府推动为主导的知识产权质押贷款模式。例如，浦东生产力促进中心提供企业贷款担保，企业以其拥有的知识产权作为反担保质押给浦东生产力促进中心，然后由银行向企业提供贷款，各相关主管部门充当了“担保主体+评估主体+贴息支持”等多重角色，政府成为主导方。

（五）知识产权信托融资模式实践

案例一：2000年9月，武汉市国际信托投资公司联合武汉晚报社和武汉市专利局在全国范围内开展专利信托项目。6月至9月，其在1990年以后产生的专利项目中初选2000个项目，筛选并最终确定8个专利信托项目。“武汉专利信托”是专利所有权不变的前提下，权利人让与部分权利收益，通过签订信托协议，确立委托方和受托方相应的权利义务，最后将专利权交由信托公司进行管理。专利权人与信托公司签订委托协议—受委托—管理经营—获利。

案例二：2011年4月30日，中粮信托有限责任公司设立“中关村自主创新知识产权融资集合资金信托计划（一期）”。由中粮信托有限责任公司与中国技术交易所、北京海辉石投资发展股份有限公司及北京富海嘉信投资顾问有限公司等机构合作发起，阿尔西制冷工程技术（北京）有限公司等4家公司以知识产权质押为主要保证方式，从信托计划获得了总额2000万元的信托贷款支持。第一，引入中关村管委会、中国技术交易所、海辉石投资公司，分别提供财政贴息、知识产权的价值发现与价值实现，以及劣后投资支持；第二，通过信托分层满足不同市场主体对风险和收益的差异化需求，引入风险投资机构作为信托产品劣后受益人并承担担保责任，平滑了风险因素；第三，债权与股权投入的方式相结合，为社会投资者参与创新知识产权信托计划提供了可持续的商业盈利模式。

（六）知识产权融资租赁的实践

1. “许可+反向许可”的国外实践。知识产权融资租赁最早起源于2006年美国哥伦布（Columbus）公司与克恩（Kern）公司之间达成的一项关于专利权的融资性售后回租协议。该协议约定，Columbus公司向Kern公司支付200万美元以获得Kern公司一项专利的所有权，同时将该专利使用权以独占许可的方式，许可给原专利权人Kern公司继续使用，并收取许可费，许可期限为6年。当许可期届满后，Kern公司可以选择以1美元的价格重新成为该专利的所有权人。

2. 国内实践。2014年9月，由北京市国有文化资产监督管理办公室发起设立的国内第一家文化融资租赁公司——北京市文化科技融资租赁股份有限公司（以下简称文科租赁公司）正式成立。同年，四达时代集团以 2016 年至 2018 年欧洲五大足球联赛、2016 年欧锦赛及 2018 年世界杯预选赛等赛事在非洲地区的电视转播权作为标的物，通过将标的物出售给文科租赁公司，再从文科租赁公司回租转播权的方式，从文科租赁公司融资1.068亿美元，是国内第一笔文化融资租赁业务。

2016年，江苏长电科技股份有限公司以发明专利和新型实用专利为融资租赁标的物，通过售后回租的方式从芯鑫融资租赁（天津）有限责任公司融资2000万元人民币，租赁期限为3年。承租方以股权质押形式为本次交易提供担保。2020年4月，芯鑫融资租赁（厦门）有限责任公司以无形资产售后回租模式向紫光集团旗下紫光展锐投放14.5亿元人民币用于补充研发资金。

三、知识产权融资租赁业务分析[①]

（一）知识产权融资租赁模式的可行性

《民法典》第七百三十五条提到，融资租赁合同是出租人根据承租人对出卖人、租赁物的选择，向出卖人购买租赁物，提供给承租人使用，承租人支付租金的合同。

《融资租赁公司监督管理暂行办法》第七条提到，适用于融资租赁交易的租赁物为固定资产，另有规定的除外。融资租赁公司开展融资租赁业务应当以权属清晰、真实存在且能够产生收益的租赁物为载体。

《金融租赁公司管理办法》第四条提到，适用于融资租赁交易的租赁物为固定资产，银监会另有规定的除外。

（二）知识产权融资租赁模式的政策支持

《“十三五”国家知识产权保护和运用规划》提出，促进知识产权高效运用，创新知识产权运营模式和服务产品。

《国务院办公厅关于加快融资租赁业发展的指导意见》提出，加快重点领域融资租赁发展，拓宽文化产业投融资渠道。

《商务部、北京市人民政府关于印发〈北京市服务业扩大开放综合试点实施方案〉的通知》提出，试点著作权、专利权、商标权等无形文化资产的

① 关于知识产权作为融资租赁物的合法性分析可参考：《知识产权可以作为租赁物吗？——知识产权作为租赁物开展融资租赁交易的合法性分析》。

融资租赁。

《福建省人民政府办公厅关于促进融资租赁业发展的意见》提出，加强融资租赁服务创新，支持以工厂厂房、仓储用房、商业地产等生产用不动产和软件、技术等无形资产作为租赁物。

《山西省人民政府关于新形势下推进知识产权强省建设的实施意见》提出，推动知识产权金融服务创新，完善知识产权投融资政策，支持银行、证券、保险、信托等机构广泛参与知识产权金融服务，开发知识产权融资服务产品。积极推进知识产权质押融资工作，完善质押贷款贴息、评估费用补贴等优惠政策，探索建立知识产权质押融资风险补偿基金，鼓励金融机构、担保机构为知识产权质押融资提供服务。

《天津市融资租赁业发展"十三五"规划》提出，研究拓展租赁公司经营范围，探索开展股权投资、无形资产租赁、货梯资产租赁、房屋租赁等业务。

《上海市地方金融监督管理条例》规定，上海市地方金融监管部门对融资租赁公司实施监管，但暂未对知识产权能否作为融资租赁物给予明确的限定。

《厦门市融资租赁公司监督管理指引（试行）》提出，融资租赁公司开展融资租赁业务应当以权属清晰、真实存在且能够产生收益的租赁物（包括固定资产和无形资产）为载体。

（三）知识产权融资租赁模式的司法判例

2020年12月29日，最高人民法院颁布《关于审理融资租赁合同纠纷案件适用法律问题的解释》，其中第一条规定，人民法院应当根据民法典第七百三十五条的规定，结合标的物的性质、价值、租金的构成以及当事人的合同权利和义务，对是否构成融资租赁法律关系作出认定。对名为融资租赁合同，但实际不构成融资租赁法律关系的，人民法院应按照其实际构成的法律关系处理。第二条规定，承租人将其自有物出卖给出租人，再通过融资租赁合同将租赁物从出租人处租回的，人民法院不应仅以承租人和出卖人系同一人为由认定不构成融资租赁法律关系。上述规定，一方面既未明确知识产权可以作为融资租赁的标的物，也未禁止将知识产权作为融资租赁的标的物；另一方面进一步明确了对于售后回租模式的认可。

判例一：原告华科融资租赁有限公司与被告重庆杜克高压密封件有限公司、重庆科技融资担保有限公司、重庆杜克实业有限公司、杜长春的融资租赁合同纠纷一案

一审：作为融资租赁的无形资产“行走机械自摩复合式车桥轮毂油封总成”发明专利系作为租赁的机器设备的附带专利，与租赁的机器设备存在紧密关系，且发明专利的作价未超过租赁设备价值的二分之一。同时，法律并未规定发明专利等无形资产不能作为融资租赁的租赁财产。原告与被告《融资租赁合同》不违反法律、行政法规的强制性规定，合法有效。

二审：法律、行政法规的强制性规定并未明确专利权等财产性权利不能作为融资租赁合同的标的物，故融资租赁合同将专利权等财产性权利设为标的物，并不必然导致合同无效。

判例二：原告融信租赁股份有限公司与被告福州紫荆动漫游戏股份有限公司、福建紫荆文化传播集团有限公司、张岩岩、池文强的融资租赁合同纠纷一案

福州市鼓楼区人民法院认为，以《勇敢者日记——迪小龙》著作权及相关专利、商标等无形资产作为租赁物的《售后回租合同》《无形资产转让合同》，均为当事人真实意思表示，合同依法有效。

判例三：原告北京市文化科技融资租赁股份有限公司与被告北京阅微观宏文化传媒有限公司、郭伟冬、何洋融的融资租赁合同纠纷一案

北京市顺义区人民法院认为，以文字作品《投资派》及以类似摄制电影的方法创作的作品《投资派》为租赁物所签署的《融资租赁合同》，系双方真实意思表示，且约定的内容并不违反有关融资租赁合同的相关法律规定，合法有效。

判例四：原告浩瀚（上海）融资租赁有限公司与被告上海皆悦文化影视传媒股份有限公司、程长仁的融资租赁合同纠纷一案

上海市浦东新区人民法院认为，以著作权为租赁物的《融资租赁合同》不构成融资租赁合同关系。

四、知识产权资产证券化

（一）知识产权类 ABS 基本概念

知识产权证券化的定义通常为：发起机构（通常为创新型企业）将其拥有的知识产权或其衍生债权（如授权的权利金），移转到特设载体，再由此特设载体以该等资产作担保，经过重新包装、信用评价等，以及信用增强后在市场上发行可流通的证券，借以为发起机构进行融资的金融操作（见图4）。

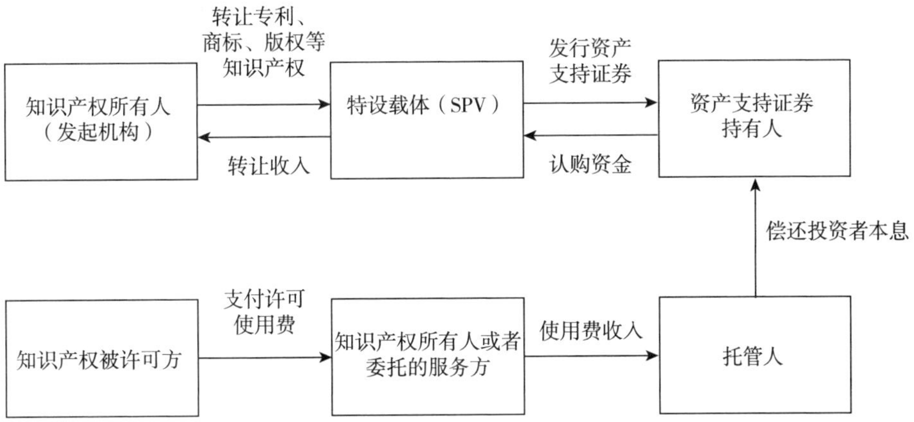

图 4　知识产权类 ABS 交易流程

（二）知识产权 ABS 底层资产交易结构

案例“第一创业—文科租赁一期ABS”中的基础资产包括专利权、软件著作权、电影电视剧本著作权、形象著作权、商标权等，基础资产的范围涉及不同区域不同行业的不同企业的资产组合。

知识产权所有人与文科租赁多数通过售后回租形式进行知识产权融资，即知识产权所有人将知识产权出售至文科租赁，并获得其支付的相应采购价款，原知识产权所有人以租赁方式继续获得相应知识产权的使用权，并按期支付知识产权租赁租金（见图5）。

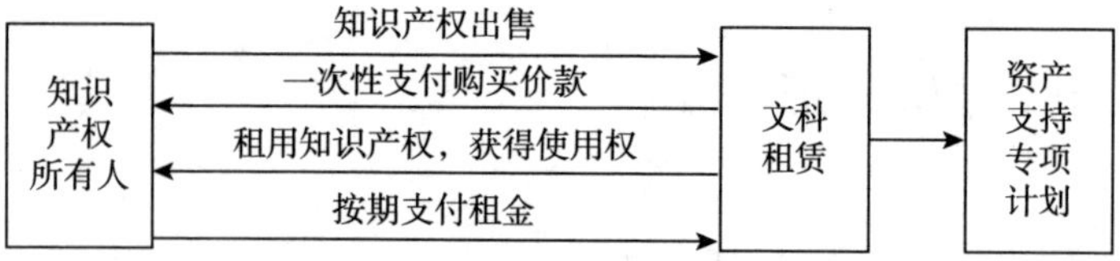

图 5　知识产权 ABS 底层资产交易结构

（三）知识产权 ABS 发行情况

最近3年来，交易所市场共发行知识产权ABS 56单，合计规模121.04亿元（见表2）。

表 2　2019—2022 年知识产权 ABS 发行情况

原始权益人	发行金额（亿元）
深圳市高新投小额贷款有限公司	69.88
深圳市中小担小额贷款有限公司	15.71
天津聚量商业保理有限公司	6.00
深圳市赢盛商业保理有限公司	5.27
烟台业达融资租赁有限公司	4.32
中国技术交易所有限公司	3.37
科学城（广州）融资租赁有限公司	2.89
上银国际投资（深圳）有限公司	2.10
深圳前海联易融商业保理有限公司	2.10
广州凯得融资租赁有限公司	2.03
苏州融华租赁有限公司	1.51
安徽兴泰融资租赁有限责任公司	1.50
浙江理想小额贷款有限公司	1.10
上海浦创融资租赁有限公司	1.05
深圳南方知识产权运营中心有限公司	1.01
南京江北新区扬子科技融资租赁有限公司	1.00
江苏国际知识产权运营交易中心有限公司	0.20
总计	121.04

（四）知识产权类 ABS 原始权益人要求

一般条件下，原始权益人最近两年不存在因严重违法失信行为，被有权部门认定为失信被执行人、失信生产经营单位或者其他失信单位，并被暂停或限制进行融资的情形。重要债务人（如有）最近两年内不存在因严重违法失信行为，被有权部门认定为失信被执行人、重大税收违法案件当事人或涉金融严重失信人的情形。

原始权益人及其关联方应当保留一定比例的基础资产信用风险：（1）持有最低档次资产支持证券，且持有比例不得低于所有档次资产支持证券发行规模的5%，持有期限不低于资产支持证券存续期限；（2）若持有除最低档次之外的资产支持证券，各档次证券均应当持有，且应当以占各档次证券发行规模的相同比例持有，总持有比例不得低于所有档次资产支持证券发行规模的5%，持有期限不低于各档次资产支持证券存续期限。

符合以下两种条件之一的，原始权益人可免于上述风险自留要求：第一，基础资产涉及核心企业供应链应付款等情况的，基础资产池包含的债权人分散且债务人资信状况良好。第二，原始权益人资信状况良好，且专项计划设置担保、差额支付等有效增信措施。

（五）知识产权类 ABS 基础资产标准

表 3　知识产权类 ABS 基础资产筛选标准

资产类别	正常类，不涉及诉讼、仲裁、执行或破产程序
期限	基础资产的预期付款日不得晚于预期到期日前最后一个回收款归集日
权属	原始权益人合法拥有基础资产，且基础资产上未设定抵押权、质权或其他担保物权
早偿	预计即将发生早偿的资产严禁入池
负面清单	债务人系依据中国法律在中国境内设立且合法存续的企业法人，不应为地方政府或地方政府融资平台
行业限制	基础资产不涉及国防、军工或其他国家机密
可转让性	基础资产可以进行合法有效的转让，且无须取得其他相关权利主体的同意
所有权唯一	原始权益人对基础资产享有合法的所有权，是基础资产唯一合法所有权人
原始权益人已履行相关义务	原始权益人已经履行并遵守了基础资产所对应的任一份合同项下其所应当履行的义务，且债务人履行其付款义务不存在抗辩事由和抵销（法定抵销权除外）情形

（六）知识产权类ABS产品交易结构

由于知识产权本身属于企业无形资产，不具备产生直接现金流的能力，因此，知识产权证券化业务需要先构造基于知识产权标的的能够形成上述要求的现金流的资产。在实际操作中，一般以企业知识产权为标的质押，通过租赁、小贷、信托等方式构建债权，从而形成稳定的现金流进行证券化。一般可采用融资租赁模式（见图6）、专利许可模式、供应链模式、贷款与质押模式、信托受益权模式等。

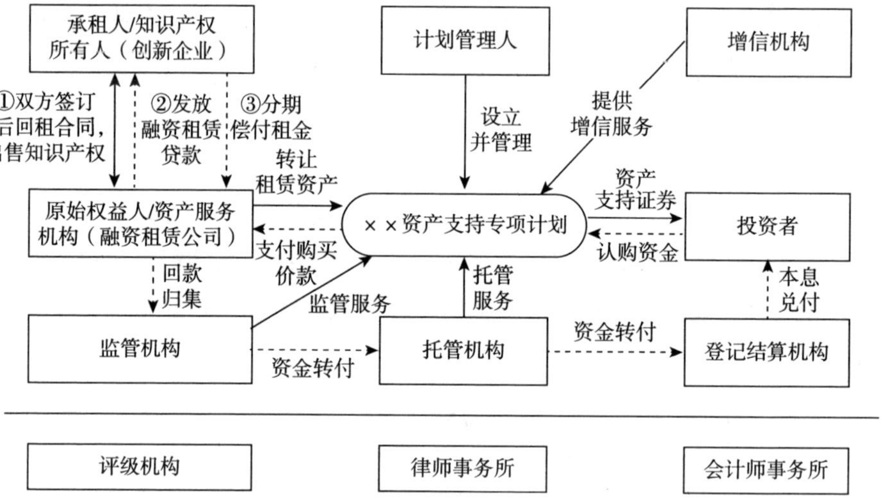

图6　知识产权ABS产品交易结构

（七）知识产权类ABS案例

1. 文科租赁知识产权证券化。文科租赁无形资产类融资租赁业务，包括电影和电视剧的版权、著作权，专利及专有技术使用权，网络游戏著作权及运营权等，主要针对广播影视、动漫、游戏、软件等文化细分行业。公司以其无形资产回租为主要形式形成的租赁债权为标的发行证券化产品，实现公司融资与资产盘活。以第一创业—文科租赁一期ABS为例，底层基础资产包括10笔租赁合同，标的物包括软件著作权、电影电视剧本著作权、形象著作权和专利权等无形资产。

2. 爱奇艺知识产权供应链资产证券化。从爱奇艺最新申报的30亿元储架项目来看，该项目的基础资产来源于供应商与北京奇艺世纪科技有限公司和北京爱奇艺科技有限公司签署的有关境内服务贸易（包含知识产权服务贸易，如电影、电视剧和综艺节目等版权/著作权许可使用或委托制作）及其他服务等交易的合同性法律文件所产生的应付账款。

3. 广州开发区专利许可资产证券化。项目底层资产系由原始权益人依据专利许可合同对专利客户享有的专利许可使用费支付请求权、损失赔偿请求权、其他权利（如有）及附属担保权益。广州开发区专利许可资产证券化项目发行的ABS底层资产包共包括11笔专利许可合同，专利许可应收款余额为3.9亿元。被许可人均为广州开发区的承租企业，专利类型包括发明专利和实用新型专利两类。

4. 高新投知识产权证券化。高新投集团和中小担集团创新开展知识产权质押融资业务，即企业可将专利权、商标权、著作权等经评估后作为质押物担保获取资金支持。截至2019年7月底，两家深圳市属国企已通过知识产权质押累计服务企业700余家，累计支持金额36亿元。

（八）知识产权 ABS 业务风险分析

1. 将来债权的实现存在待履行性风险。知识产权证券化中的参与者主要是知识产权的授权方、被授权方、特设载体和投资人四方。追本溯源，在知识产权证券化中，支付证券本息的来源，通常就是知识产权授权合同。然而，知识产权授权合同的高度待履行性却成为风险的来源。也就是说，授权方（证券化的发起人）往往必须承担若干合同项下的实质义务，如果他没有按合同履行，被授权方可以拒绝支付部分授权金，如此一来，特设载体便无法取得原先预期的现金流，也就无法依照约定向证券投资人发放本息。

由于知识产权授权合同的待履行性，需要充分披露发起人（授权方）在合同项下的义务和履行的能力，帮助投资人真实评断证券所蕴含的风险。发起人应该被要求对授权合同的待履行性作出说明，包括发起人所需履行的义务、履行计划和手段以及用于履行的资源配置等。此外，发起人应对其履行的状况进行持续披露。

2. 基础资产的可重复授权性。知识产权的可重复授权性是异于其他被证券化资产的重要特性。知识产权在每次授权中，都可以产生新的合同债权。这种可无限重复利用的性质，一方面是知识产权的潜力所在，另一方面却产生了其他资产证券化所没有的风险。假如发起人在证券化交易后对新的被授权方进行授权，虽然发起人可因此得到新的收益，但却可能因被授权人总数的增加而使原被授权方面临竞争，甚至收益下降，影响投资人的本息收益。

这种可重复授权性，在特定的条件下也可能为证券化的参与者带来利益。在知识产权证券化中，如果出现违约事件，由于无形资产不存在被消耗或用尽的情况，因此知识产权可为新的被授权方利用，从而能产生新收益以补充现金流。

3. 知识产权在不同权利人间具有可分割性。这种性质与前述的重复利用性有所相似，都是源于知识产权的无体性本质。但也有所不同，因为分割的结果可以使一个以上的权利主体对同一知识产权分享利益，而同时各主体间的地位彼此独立，权利互不干涉。例如，著作权的发行权、复制权或表演权可以分属于不同人，或者分属于国内外的两方。

这种对权利范围的划分，可以简单地由授权合同决定，合同如何描述，就可能产生什么样的权利。在证券化交易案例中，常见到这种切割操作。例如，在知名的Chrysalis音乐著作权证券化案例中，发行人只取得著作权中的发行权，但其可以将这项权利将来产生的收益进行证券化。另外，在Dream Works电影著作权证券化的案例中，发行人将其国内戏院与电视频道的收益权保留，而将其他的著作财产权切割出去进行证券化。

这种可分割性固然为证券化交易带来弹性，但同时也带来了风险。正是这种权利的分割可以由合同简单地达成，因此不容易被非合同方所察觉。如此一来，一旦分割出来的权利彼此重叠、矛盾或混乱，甚至导致必须由诉讼解决，那么尽管证券化中的投资人最终取得胜利，证券价格的波动已足以使投资人的收益受损，并且危害了经济稳定。这种风险的形成，主要是由于授权合同的存在不为合同外的第三方察觉，这可能是因为非合同方不够谨慎，受到故意欺瞒，也可能是未进行合理的调查而造成的。可分割性带来的风险可以通过权利登记公示制度解决。如果有一套清晰高效的登记制度，可以明确地依照登记的先后范围来决定权利冲突人在对抗过程中的优先性，那么这种对抗的过程对经济稳定产生的不利影响便能够得到控制。

因此，应对这些风险最直接的措施，就是必须使知识产权的权利变化相对容易地为人所知，而这就涉及登记公示制度的设计。美国在知识产权证券化的实践中，发现这个问题的重要性，因而开始探索知识产权一元化登记制度，也就是利用信息技术，将涉及知识产权权利转让、担保、授权的各种交易登记公示信息，整合起来成为供大众网上查询的登记系统。

4. 产权范围的不稳定性。知识产权权利的本质是基于国家权力的作用，赋予个体在某种知识产品上的独占权利。因此，知识产权原始权利的取得以及权利范围的界定，势必有行政的参与。然而，无论是审查程序还是审查程序外的司法程序，都可能随时造成知识产权权利范围的变化或消灭。而一旦出现这种情况，由其产生的现金流便受到影响，甚至可能消失，证券投资人便无法获得预期的本息偿付。

在其他资产证券化交易中，对于这类权利瑕疵风险，一般是通过律师和会计师的尽职调查来掌握。然而，这种做法在知识产权证券化中有所局限。就知识产权而言，侵权或无效案件的判断具有高度专业性，也常有模糊地带，因此在技术上很难通过一般法律的尽职调查有效辨明。即使有相关领域的专家协助，有时也未必能绝对确定权利的范围。

如在专利申请案中，权利要求书的字句通常是申请人与审查人斟酌、协商的结果。即使专利权证书已经颁发，权利人也无法排除其被授予的权利与其他专利有所重叠，以及因此而受到挑战的可能。在商标注册制度的实践中，也存在类似的问题。这说明在很多情况下知识产权制度难以界定知识产权权利范围，必须借助司法制度来完成。

因此，在诉讼没有真正来到前，没有人能够保证知识产权是否完美无瑕。然而，不论这种风险大小如何，只要证券化的当事人能将风险情境进行归类，就有可能通过协议来进行风险分担。例如，交易当事人可以规定在权利出现瑕疵时，各方所应担负的责任和享有的权利，如请求损害赔偿权、降低价金、解除合同、请求继续履行、请求违约金、中止支付价款，或是以各种形态加重责任或权利、免除责任等。

5. 市场价值的不确定性。知识产权及其衍生权利的价值，受到消费者、市场条件和替代品等因素的影响极大，因此市场的价值可能在很短的时间内发生变化。例如，当大众口味发生改变，受人欢迎的著作可能逐渐变得乏人问津；某一项技术在较佳的替代性技术出现后，可能会很快从市场上消失。这种市场价值的不确定性，其实是以上几种特质在经济活动中通过市场机制而表现出来的外在现象。

价值难以确定的原因除了市场因素，还可能来自知识产权权利人（一般就是证券化中的发起人）本身。被授权人向发起人取得授权的原因，除了知识产权本身外，通常还有对发起人本身的市场规模、经营团队组成以及其所能掌控的相关资源的考虑。因此，纵然某一项知识产权可以从授权中产生庞大的现金流，但该知识产权与发起人隔离拍卖时，其将脱离发起人所掌握的资源，因而能够变现的价值可能相当有限。根据国外学者的统计，这些因素综合作用的结果是，知识产权在破产清算程序中的价值将急速下降，每月降幅可达2%~5%，降幅远远大于土地或其他实体资产。

6. 知识产权的公共财产性质。具有高度应用性的知识产权，可能成为产业发展的重要支柱，能够产生巨大产值。因此，从社会整体的利益而言，某些知识产权的影响不容忽视，特别是核心的工业技术、维持民生健康的药品专利，或是源远流长的民族品牌等。由于知识产权具有这种公共财产的特性，因此知识产权证券化必须要考虑到交易的外部性。

从融资的效果来看，知识产权证券化能影响不特定的社会多数。知识产权证券化可以被比喻为一种制度机器，因为杠杆效果的存在，制度使用者的影响力得到扩大。不同于其他证券化中的有形资产，知识产权可以不断被重复使用，这种特质或可比喻为智能之火，只要有良好的环境和资金作为燃料，就可以不断地燃烧扩大。正面可以推动生产、造福人群，反面却也能毁灭财产、造成损失。

7. 专利所有权及专利许可使用权的处置风险。在专项计划交易结构中，虽然专利合同项下的专利许可使用权及专利所有权分别在国家知识产权局进行备案、质押登记，但因缺乏知识产权活跃的二级市场，专利所有权及专利许可使用权再许可以及专利所有权处置均具有一定困难，存在变现能力差、资产处置不确定等情况，进而可能导致变现价值低于基础资产应收债权金额，从而给专项计划造成损失。

8. 专利质押无法对抗专利存量许可的风险。根据《中华人民共和国民法典》《中华人民共和国专利法实施细则》《专利实施许可合同备案办法》的相关规定，专利实施许可合同应当采用书面形式，当事人应当在自专利实施许可合同生效之日起三个月内办理备案手续，国家知识产权局负责全国专利实施许可合同的备案工作。国务院专利行政部门定期出版专利公报，公布或者公告的内容包括专利实施许可合同的备案情况。

但是，如果特定专利的专利权人未如实向凯得租赁披露其已将特定专利许可给第三方，且其也未将该等存量许可对应的专利许可合同在国家知识产权局进行备案，根据《中华人民共和国专利法实施细则》第十四条、《专利实施许可合同备案办法》第五条，办理合同备案并非专利许可合同的生效条件，那么存量许可合同不因未办理备案而无效。

而就本次专项计划的基础资产而言，为了担保专利客户履行第二次专利许可合同项下专利许可使用费支付义务，专利权人将特定专利作为质押财产为基础资产设置了质押担保。综上所述，本专项计划存在基础资产项下质押担保设立前特定专利存在存量许可而该等存量许可凯得租赁无法查明的风险。

根据《最高人民法院关于审理技术合同纠纷案件适用法律若干问题的解释》第二十四条第二款，让与人与受让人订立的专利权、专利申请权转让合同，不影响在合同成立前让与人与他人订立的相关专利实施许可合同或者技术秘密转让合同的效力。

如果发生计划管理人行使质权处置质押财产（即特定专利）的情况，人民法院可能会认定在先生效的存量许可合同的效力不受质权的影响，质押财产被处置后，在先生效的存量许可合同仍对质押财产的受让方具有约束力。在此情况下，计划管理人（代表专项计划）作为质权人，在申请处置质押财产以及人民法院拍卖、变卖质押财产的过程中，可能无权涤除质押财产上的存量许可关系，进而不利于质押财产的处置变现。此外，考虑到司法实践的复杂性，即便人民法院依法将存量许可关系涤除后再进行处置，在实际执行时，仍然存在存量许可的被许可人提出执行异议并主张其存量许可权益的可能性，从而延长了执行的期限，也不利于质押财产的处置变现。

参考文献

[1] 《“十四五”国家知识产权保护和运用规划》。

[2]《2020年中国知识产权发展评估报告》。

[3]《证券公司及基金管理公司子公司资产证券化业务管理规定》。

[4]《融资租赁债权资产支持证券挂牌条件确认指南》。

[5] 韩秀成．知识产权[M]. 杭州：浙江大学出版社，2020.

[6] 程东跃，杨柳勇，陈琴.2019年中国融资租赁行业研究报告[M]. 北京：中国经济出版社，2020.

[7] 曹莹．北京文科融资租赁公司知识产权资产证券化案例研究[D]. 广州：华南理工大学，2020.

推进租投结合的特色租赁服务的思考

罗晓春　何双喜
四川省小往大来企业管理咨询有限公司

一、推进租投结合特色租赁服务的环境与动因分析

从租赁行业面临的宏观经济局势、租赁业竞争态势、标杆租赁公司发展趋势来看，以租投结合方式开展特色租赁业务是一项顺应宏观经济发展、紧跟标杆企业、实现差异化战略突围的前瞻之举。

（一）宏观经济局势

当前市场流动性整体充裕，贷款基础利率不断下降，金融机构融资利率中枢不断走低、利差不断收窄。从地方政府债券的发债价格来看，2020年平均发行利率为3.4%，2021年为3.36%，2022年上半年进一步降为3.08%。LPR在长期盘整之后，2022年8月，1年期下降5个基点，而5年期大幅下降15个基点。

从国家的政策导向来看，国家鼓励金融机构重点支持实体产业，鼓励支持制造业，通过自我强大解决高科技“卡脖子”问题，支持专精特新等高新技术、稳链强链的企业。

在社会资金充裕的背景下，融资租赁公司与银行争夺客户，必须绕开单一融资、单一价格竞争（这是租赁的短板），而应发挥租赁融物、租赁与风险投资可以灵活结合的优势，另辟蹊径，换新赛道，以错位竞争达成自身的经营目标。

（二）租赁行业发展的新趋势

中国租赁业发展大致经历了以下三个阶段。

第一阶段为20世纪80年代至2000年，主要是以商业思维（尽快卖出去）来做融资租赁，一方面，以租赁方式为经济的快速发展引入了先进设备、先进技术和资金；另一方面，由于对信用风险估计不足，大部分融资租赁公司铩羽而归。

第二阶段为2000—2020年（或2018年），主要以债务思维来做融资租赁，以为企业融资为目的、以做大规模为目标，大量开展售后回租业务，其实质为类信贷业务，业务对象也多为银行等传统金融机构因为监管、资信难以满足要求的次级客户，业务模式相当于“补充贷款”。从租赁公司的投放规模来看，政信、类政信业务占据大半壁江山，租赁公司业务的同质化程度高。在中央严格要求地方控制新增隐性债务、银保监会对租赁物适格性要求越发严格的情况下，传统的政信业务模式、租赁公司同质化发展模式亟须变革。

第三阶段为2020年之后，即租投结合阶段，目前资产荒倒逼租赁公司转型。政信业务日渐式微，租赁公司传统利差盈利模式对租赁公司负债端（要求成本不断降低）、资产端（要求投放价格不变甚至上升）的业务拓展能力要求越来越高。叠加优质企业对租赁成本的要求严苛等，融资租赁公司普遍面临资产荒的困境。因此，要求租赁公司跳出租赁看租赁，从更广的视角、更专业的定位、更综合化的金融服务，即以租投结合方式来实现业务转型。

从竞争的角度看，上述第一阶段几乎无竞争，一旦有业务竞争或冲突，大家便绕道而行；第二阶段是完全竞争，对于优质业务，大家竞相开展，结果一旦出险（比如方正、华晨集团等）就有一大批租赁公司深陷其中；第三阶段则进入竞合阶段，是大与小、本地与外地、资金与业务、专业化与非专业领域的全方位多角度的合作——因差异和不同优势之间的合作，会是长远而稳固的合作。

（三）租投结合模式已取得成功，有经验可以借鉴

从行业实践来看，一是融资租赁直接对外投资。远东宏信不仅在回租、直租上做了很多开拓性示范工作，更是在直接投资学校、医院上开租赁公司之先河，其旗下的宏信建投作为专业的建筑公司在行业内声誉卓著，并实现了分拆上市。

二是通过租投联动，高度匹配初创科技企业的金融需求，实现与企业的

共同成长。中关村科技租赁首开租投联动先河，使租赁和投资两者实现良性互动。中关村科技租赁在对企业已进行评估和投资的基础上，向其提供融资租赁服务的同时与承租企业签署认股权协议，以“股权+债权”的模式对企业进行投资；同时租赁公司成立租投联动基金管理公司，成为 LP/GP 行使认股权。租投联动打破了债权投资的限制，以企业高成长所带来的投资收益抵补融资租赁投放所产生的风险，实现科技型中小企业、融资租赁公司、投资机构三方共赢。

三是发起设立基金，实现租赁与基金的业务协同。芯鑫租赁起家于债权类的融资租赁公司，作为大基金发起设立唯一专注于集成电路领域的融资租赁公司，获得了中芯国际、长电科技、紫光集团等产业龙头企业，以及浙江、深圳、湖南、河南、北京、上海、山东等多地国资入股，获得专业评级机构AAA级信用以及广泛的金融机构融资支持。截至2021年末，芯鑫租赁累积投放1289亿元，其中集成电路及半导体行业占比达到70%。经过数年发展，芯鑫租赁结合旗下股权投资平台中青芯鑫，已经成长为一个债权、股权投资及产业控股运营一体化的平台。中青芯鑫作为芯鑫租赁的基金管理和股权投资平台，主要通过股权投资和市场化运作模式支持半导体产业发展，引导社会资本有序支持集成电路发展，目前管理资产规模超过200亿元。在过往的投资中，已积累多个企业且都是作为大股东实际参与经营，而不是一般的股权参投然后上市退出。芯鑫租赁与各个地方国资有紧密合作，截至2022年，累计投资超过50个项目，并已成功退出超过10个项目。另外，远东宏信下设独立的产业投资基金，其关注早中期富有成长空间的龙头项目，坚持领投为主，挖掘所关注大产业中最具成长机遇的细分产业和企业，叠加产业资源及金融资源，做深投后管理，为被投企业深度赋能。截至2022年，其管理资产规模超50亿元。

二、开展租投结合租赁业务的基础分析

（一）庞大的科技企业群

2022年《四川省“十四五”科技金融发展规划（送审稿）》提出：力

争到2025年，全省高新技术企业、科技型中小企业达 38000家，其中上市科技型企业突破100家。又如，根据《绵阳市推进企业上市“钻石工程”计划（2021—2025）》，2022年，绵阳上市公司有13家，列入四川省后备资源数据库企业46家，到2025年，绵阳市将有上市公司24家、上市后备企业100家。这些企业群为融资租赁公司开展租投联动提供了广泛的目标客户基础。

（二）政策基础

科技型中小企业，尤其是处于初创期的企业，往往具有高成长性、高附加值、高风险、轻资产的“三高一轻”特征，因此对于追求稳定收益的传统金融机构来说，科技型中小企业并非其重点关注的对象，但对于追求高收益的股权投资机构来说，却是非常好的股权投资标的。2019年6月科创板开板和2021年11月北交所开市更是为科技型企业上市插上了腾飞的双翼，四川科技企业上市数量实现了爆发式增长，一些专注科技投资的VC、PE获得了很好的退出机会，也获得了较高的投资报酬。

三、租投结合特色租赁业务模式

租赁公司业务模式、盈利模式需要结合自身资源、合作伙伴资源进行融合创新。因此，在开展融资租赁业务时可以导入股权投资业务，在开展股权投资业务时可以导入融资租赁业务，实现双向导入、投租联动、股债结合。

（一）风险租赁模式

在租赁交易基本结构的基础上，对未来前景好的行业、企业加入浮动的收益模式。按风险由低到高，浮动的内容分别是：超过贷款利率的增值收益浮动（与承租人的业绩挂钩），租息大部分甚至全部浮动，租息全浮动+小部分租赁本金浮动，租金大部分甚至全部浮动。风险租赁模式不仅融资租赁可以开展，管控严格的金融租赁也可运用，显然风险租赁比银行科技金融的投贷结合信贷业务的范围更宽。金融租赁完全可以通过风险租赁渠道大步进入投资领域。

（二）租赁债权＋投资认股权

融资租赁把投租联动、租投结合作为自己的特色业务，以投行的思维来开展融资租赁业务。对一些有发展潜力的龙头企业，租赁公司在该企业引入有影响力的投资机构（或者租赁公司关联的股权投资基金进入）后，可对该企业开展融资租赁，充分利用基金的风险筛查功能进行债权投资；或者租赁公司大部分资金进行债权投资，同时叠加小部分的股权投资，或者是租赁公司在债权进入时获得一定的低成本购买股份的期权（认股权），在该企业发展蓬勃向上、企业被并购、企业上市的情况下，租赁公司退出后可获得高倍的投资收益。

（三）租赁公司发起设立或实际控制基金

由租赁公司下辖的基金公司实现投资，是租赁与基金子公司的协同展业。

（四）租赁公司作为财务顾问

租赁公司长期同金融机构（为了融资）和PE打交道（为了找投资标的），因而比较了解金融机构和PE的投资偏好与风险偏好，双方可以互荐客户，租赁公司可以发展成为自身客户的融资顾问（FA）：租赁公司可以推荐自己已投资的客户给这些机构，并在客户同意的情况下实现数据共享，方便金融机构与投资机构准确投资、快速决策，助力客户高成长，同时保证了融资租赁资产的安全性，也进一步增加了客户的黏性。同样，金融机构和PE也可向租赁公司推荐自己已投客户、待投客户、优质客户（因为种种原因目前还不适合股权投资），帮助租赁公司拓展优质客户源。

（五）围绕核心企业做好产业链金融服务

随着国家对核心企业稳链、固链、强链、延链的要求，融资租赁公司可以凭借在行业内的深耕和与其他金融机构的密切合作关系，为产业链条上的非核心企业和核心企业之间的业务合作、股权合作、并购合作牵线搭桥，减少同业竞争、增强供应链竞争力、延展产业链条，也可联合其他机构为客户延链强链提供资金和智力支持。

（六）利用好相关的地方金融组织资源，展开协同

融资租赁公司可以和本地的基金公司开展合作，与地方政府一道成立主

要服务于地方科技企业的基金，更好地开展股债联动业务，投资于高成长性的未上市公司。

融资租赁公司可与当地的担保公司长期合作，甚至和展业范围更广的外地大型政策性担保公司协作，共同尽调，共同风控，发挥双方的特长和协同效应，风险共担，从长效机制上促进融资租赁公司、担保公司、科创企业共生共长。

融资租赁公司还可与本地的小贷公司、保理公司、供应链金融服务公司等地方金融组织合作（特别是地方金控集团内不同金融服务的协同），共享客户，独立评价，独立承担风险，广开业务来源。

四、租投结合的策略

（一）投资领域要集中

一家融资租赁公司的租投结合领域不宜过多，选定几个赛道，专注形成专业竞争力。

科技领域范围广、企业多，一家融资租赁公司不可能全面覆盖。从人力、物力及投资的有效性来看，广撒网的方式既不经济，也对一家融资租赁公司构建自己的长期可持续发展能力无益。因此，宜结合公司所在区域的特色产业、优势产业，选定几个赛道，熟悉整个行业，了解产业特性、上下游企业情况，了解行业动态、竞争态势、未来走势，为融资租赁公司资金的精准投放奠定好产业基础。产业金融的核心是7分产业、3分金融，由专注形成专业，由专业形成自己在特定领域的核心竞争力。

（二）对科技型中小企业采取多维评价模式

科技型中小企业的特点决定了不能采取融资租赁公司传统的重租赁物、重抵押、重担保的评价模式，评价科技型中小企业前景最重要的几个因素包括行业发展前景、管理团队素质、技术创新能力、公司治理能力、资产市场评价、关键经济指标的成长性六大维度。有好的赛道、有优秀的团队、有自己独特的技术、公司治理比较规范、目前估值节节攀升、销售收入等指标增幅很大，根据实际情况，分别赋予这些指标不同权重，进而对目标项目进行综合评价。

（三）要有专门的考核和奖惩机制来促进投租联动

投贷联动涉及当前的租赁收益和未来的股权投资收益，因此，在对业务人员考核时，既要看租赁的固定收益，也要拉长时间周期看未来的股权变现收益。同时，科技企业的高风险要求租赁公司要有一定的容错机制，只要程序合规，调查尽职尽责，没有道德风险，那么即便项目出现了还款问题，也不能随意问责。事实上，从风投的角度来看，所投的早中期项目折戟的不少，但从总的经济账来看，有影响力的风投机构最终收益颇丰。因此，基于科技型中小企业的特点，融资租赁公司要构建有相应特色的审批机制、容错机制、奖惩机制，既要促进公司业务的稳健发展，又要保护员工勇于拓展创新的积极性。

（四）投资数量与力度策略

从很多基金的投资实践来看，是摸着石头过河，随着企业发展逐渐向好、投资规模逐渐增大，基金分阶段逐步加码，参与投资的机构也越来越多，无形中分散了风险，增加了企业快速上市的概率。因此，在租投结合的策略上，租赁公司在科技型中小企业的早期阶段，可小额租赁+小比例投资；在成长期，可中等额度租赁+中等比例投资；在成熟期，可以采用额度大的融资租赁+更高比例投资模式。

（五）组织架构策略

从融资租赁行业的长期发展来看，租投结合是战略发展方向，因此，从组织架构上来说，为了在租赁业务和股权投资业务之间建立防火墙，可以通过租赁公司旗下新设基金公司来开展相关投资业务。

五、租投结合的业务支持策略

（一）借力科技赋能

中国许多企业都在数字化转型。大数据、云计算、人工智能、区块链、

5G等新技术已成为引领传统金融行业变革的新兴力量。借力金融科技，传统金融行业的经营模式、业务流程正得以重塑，推动金融行业向智能化、数字化的方向发展。融资租赁公司目前也正在经历数字化转型。科技应用有助于提升租赁公司自身核心竞争力，将成为租赁公司实现差异化竞争的一次弯道超车的机会。

融资租赁公司要利用数字科技赋能自身业务，在营销获客、风险管理、资金调度、资产跟踪、内部人员与运营管控等多方面植入科技信息能力，降低运营成本，提升服务效率。

融资租赁业内如平安租赁、狮桥集团等公司纷纷将科技能力作为业务发展的重要驱动力。平安租赁为中小企业打造了“中小企业智能服务平台”，可以为融资客户、金融机构提供全作业流程的智能化服务。狮桥集团则构建了多方大数据风控方案，支持系统自动审批和降低不良资产；同时，基于海量的超级车队运营数据建立数据仓库，通过机器深度挖掘，逐步建立模型，为实现智能运输提供大数据支持。其他开展汽车融资租赁的公司，离开互联网，业务几乎难以运转。

（二）需要更多配套政策支持

融资租赁支持科技型中小企业的发展，符合国家的政策导向。但任何一家融资租赁公司本身资本金规模不大，自身抵御风险的能力不强，对科技型中小企业的风控模式还在探索中，因此，要实现租投结合特色租赁业务的可持续发展，必须要有外部相关的配套政策，分散租投结合业务的风险，支持融资租赁公司拿出更多资金和资源，实现租赁公司和科技企业的共同发展。

目前作为地方性金融组织的融资租赁公司和金融租赁公司，两者在业务区域、融资渠道、呆坏账计提等方面有一定的差异。相对来说，作为地方性金融组织的融资租赁公司，原则上不可跨省作业，没有同业拆借权限，同时呆坏账准备金为税后计提，特别是计提方式上的差异，对融资租赁公司盈利能力构成了较大的冲击。因此，我们呼吁相应的配套财税政策能够一视同仁，对地方融资租赁公司的呆坏账实行税前计提，同时对金融科技企业的税前呆坏账计提比例能由当前的1个百分点提高到3个百分点，那么对提振融资租赁公司，特别是区域性融资租赁公司投放中小科技企业的士气和能力，会有比较大的帮助。

地方政府通过财政贴息、政策性担保公司担保、保险等方式也可部分化解租投结合的项目投放风险，地方政府出台相应政策时，应将银行享受的相关优惠政策，同样赋予租赁公司。比如，2022年8月15日，四川省经济和信息化厅发布了关于确认“制惠贷”融资试点工作首批试点地区的通知。据通知，确定攀枝花市、绵阳市、遂宁市、南充市、宜宾市、广安市和成都高新技术产业开发区，成都温江区、新津区、崇州市、彭州市，资阳高新技术产业园区，凉山州西昌市等市（区）入围“制惠贷”融资试点工作首批试点地区，试点期3年。“制惠贷”单户企业固定资产贷款原则上不超过3000万元（特别优质的企业最高不超过5000万元），贷款期限最长可达5年。融资租赁业务的金额规定和期限规定与固定资产贷款相同。另外，“制惠贷”合作的融资租赁机构，年化融资租赁综合费率不高于9%。

（三）租投结合需要地方政府、地方金融局、科技厅（局）、产业园区主管机构共同推广，扩大普及运用

租投结合作为一种新兴的投融资模式，需要地方政府、地方金融局、地方科技厅（局）、产业园区等部门机构，共同向科技企业强力推荐，扩大运用面。比如，天津市地方金融监督管理局印发了《关于公布第一批服务科技企业融资租赁公司名录的通告》，市融资租赁协会同地方政府、市科技局、金融局举办“融资租赁+”模式服务科技企业的对接活动，并在网站上公布租赁公司简介、特色优势、科技租赁产品服务、联系方式等内容。又如，湖南省科技厅引导金融机构开展知识价值信用贷款，通过企业知识价值评价，将企业的知识产权、研发投入、科研人员占比等科技创新指标进行量化，作为信用体系的一部分，帮助银行从创新角度服务企业，为企业提供无抵押、低利率的信用贷款。截至2022年，湖南省科技厅已与12家银行签订战略合作协议，全面推行科技型企业知识价值信用贷款风险补偿机制。下一步，湖南各市州政府、园区、科技部门将加强与合作银行、企业的交流对接，完善“企业入库、银行授信、按需放款、风险可控”的工作流程，撬动更多金融资本进入科技创新领域。

融资租赁助力中国能源转型

彭　澎
中国新能源电力投融资联盟

一、能源转型难度大

（一）中国能源消费情况

近年来，我国能源消费增长迅速（见图1），时间短，强度大，最终导致环境承载力迅速接近极限。

2021年，总量52.4亿吨标准煤中，煤炭占比为56%。2021年，全国原煤产量达到41.3亿吨。

2021年，全国电力行业煤炭消费约24.2亿吨，同比增长8.9%，占全国煤炭消费量的约56.7%。

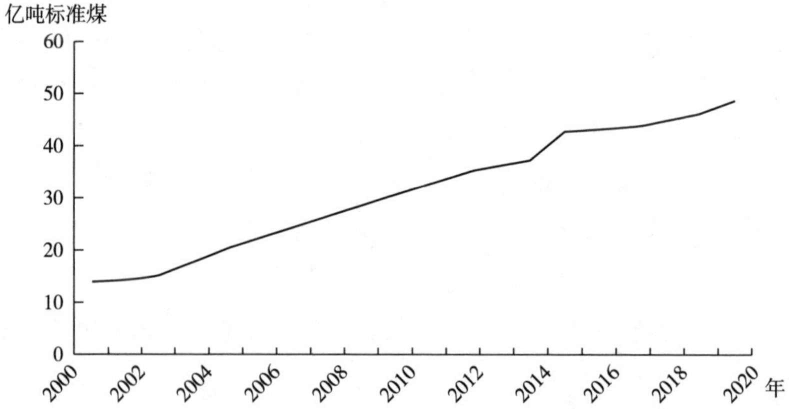

图 1　中国一次能源消费总量

（二）中国完成“30·60”目标任务较为艰巨

1. 化石能源是碳排放的主要载体。
2. 碳达峰和碳中和之间仅相隔30年。
3. 离完成碳达峰目标仅剩不足10年的时间。
4. “30·60”目标的实现需要巨大资金投入。

（三）能源转型面临的困难

1. 缺电问题影响严重。以杭州为例，每年7月、8月是最热的两个月，公共设施用户供电电价不变，但电网在市场化省接线价格已经上涨，从而产生巨大的资金不平衡，最终由全浙江的工商业分摊。

2. 投资主体仍然单一。能源转型面临的困难主要是投资主体仍然单一，目前主要依靠央企、国企。但碳达峰碳中和是全社会共同的目标，仅仅依靠央企、国企不能完成任务。

3. 技术瓶颈仍然存在。突破技术瓶颈需要引入风投或前沿的股权投资基金，通过成立“碳中和”基金，寻求新的技术突破。

4. 体制改革亟待推进。

二、可再生能源市场

（一）可再生能源的成本和产出已经极具吸引力

1. 制造端：拉动高端装备制造业，光伏制造业已经全球第一。从集成向基础材料进军。

2. 应用端：绿色电力比例上升，煤电减少。补贴时代已经过去，不需要财政补贴。

3. 溢出效应：提供农村能源应用机会，提高农民收入。环境友好。

（二）整个电力系统将持续加大投资

1. 电源的投资：风、光、生物质。
2. 储能：电化学、抽水蓄能等。
3. 配电网投资：充电桩、适应双向电流、更为复杂的计量等。

4. 主干网投资：特高压等。

（三）电力结构重塑，清洁化转型带来巨额投资需求

2060年电力将实现全面清洁化，投资需求近41万亿元。

（四）可再生能源资产特性

1. 无须担心燃料变动：无须对冲未来燃料市场的变动，小公司也能持有资产。

2. 重资产：是资金价格敏感型资产。

3. 建设期短：意味着发展快，沉淀资金少。

4. 资产结构单一：运维费用很少，现金流来源单一。

三、融资租赁的机会

（一）分布式核心商业逻辑：自主卖电，无库存

1. 相对优势：地面电站没有超额收益的可能，最终回归到最低的行业投资回报要求。分布式有消纳优势和超额收益的可能。

2. 户用：只要电网能无差别并网和代收电费，分布式的增长可以达到每年30GW~40GW。

3. 工商业：受益于电价上涨，用电户接受程度越来越高。

4. 各地方政府：猛抓本地绿电生产。

（二）国企、民企在市场中均有角色

国企在“双碳”政策的激励下，必须加注在风电、光伏、生物质领域，并将主要精力放在大型基地项目上。民企正在逐步出售原来的地面项目，其中原因包括拖欠补贴，但是部分民企杠杆率过高、成本过高是真正的核心问题。未来分布式市场会在一定区域内形成小范围的资产持有集中，民企在此领域将会展现优势。

（三）户用—融资租赁模式

TCL融租与农户、EPC签订电站建设租赁协议，由EPC负责采购设备及建设电站，TCL融租并网验收支付电站建设款。农户通过以租代购的方式，在获得电站发电收益的同时定期向TCL融租支付租金，直至付清电站建设款后，获得电站所有权，并持续享受电站发电红利。

（四）基于分布式和储能新业务逐步出现，电力市场从“草原”到“雨林”

关于未来场景的预测，基于分布式和储能新业务的发展，电力市场会从原来的“草原”过渡到“雨林”。以滴滴为例：

1. 组织司机去指定的合作充电桩充电。
2. 成立售电公司，参与电力市场，运营充电桩。
3. 自建分布式光伏和储能，拥有电源，深度参与电力市场。
4. 无人驾驶普及之后，滴滴完全可以成长为一个能源服务企业。

（五）分布式光伏的潜力有多大

通过建立分析系统对江浙沪地区面积为2000平方米以上的屋顶资源进行识别和筛选，共识别出具备光伏安装潜力的屋顶28万余个，总面积21.2亿平方米。人工智能识别系统的矩形框是固定角度，与卫星图片中屋顶的角度并不完全一致，考虑到这一误差，以及屋顶朝向对装机潜力的影响等因素，按照50%的可用面积初步估算，保守测算潜在的装机潜力可达10627万千瓦。

综合工商业屋顶、农村居民屋顶、城镇居民屋顶三类场景，江苏、浙江和上海的分布式光伏装机潜力可达到2亿千瓦。其中江苏潜力最大，占总潜力的64%，浙江占比为28%，上海占比为8%。分场景来看，工商业屋顶的潜力最大，占比为51%，“光伏+渔业”和“光伏+农业”分别占19%和17%，农村居民屋顶和城镇居民屋顶光伏分别占9%和4%。

四、总结

碳中和是一项系统工程，这也注定了实现碳中和目标不可能只是国家大包大揽，其离不开企业的参与，甚至是企业充当先锋。在过去，很多企业虽然是经济的贡献者，却也是环境的破坏者。

当前一种新的商业逻辑正在诞生，以往的困局出现破局的可能。随着“人与自然和谐共生”成为中国乃至全球的共识，越来越多的企业，看到了企业自身的商业价值与环保这一社会价值从对立走向协同的可能性甚至必然性，开始愿意主动探索全新的发展路径。

新发展格局下融资租赁全面风险管理工作探索和实践

时永坤
国银金融租赁股份有限公司

在新发展格局下，国银金租作为国家开发银行的一员，同时也是租赁行业的积极参与者，将发挥融资租赁的业态特点和业务优势，践行绿色金融理念，积极推动区域协同发展，推动金融更好地服务实体经济。

国银金租作为一家非银行金融机构，按照监管要求，要建立并不断完善全面风险管理体系。在新发展格局下，全面风险管理工作也要与时俱进，不断完善和发展，为新形势、新业态保驾护航，牢牢守住不发生系统性风险的底线。

一、国银金租全面风险管理体系介绍

（一）公司治理架构

自2015年以来，国银金租就对标香港H股上市公司要求以及监管规定，不断完善全面风险管理体系建设，搭建了由董事会、高级管理层、各部门组成的风险管理组织体系，构建了风险管理三道防线。通过不断健全风险管理规章，董事会、监事会、高管层、业务部门、风险部门和内审部门在风险管理中的职责得以明确，在内部控制中能够形成有层次、有衔接、能制衡的运行机制。

（二）风险偏好和风险管理策略

国银金租每年会根据国家政策、宏观经济环境变化，结合公司业务特点，重新审定风险偏好，提出风险管理策略，报董事会审批。同时国银金租会对公司主要面对的十三大类主要风险，以及航空、航运、普惠、新能源和基础设施业务五大业务板块的风险特点，分别提出差异化的风险偏好，制定差异化的管理策略，提升精细化管理水平，加强风险偏好的有效传导。将风险偏好与风险管理策略进行对应和结合，能有效体现具体风险管理策略对风险偏好的传导。

（三）风险限额

国银金租在国别、行业、地区和客户等维度按照风险类别制订了相应的限额管控方案，日常对限额的执行进行及时的监测和控制、报告。

（四）风险管理流程

国银金租现在把重点更多放在风险的监测、预警和报告上，一方面是风险监测，另一方面是报告。国银金租现在根据设定风险指标的情况进行差异化的监测，跟踪变化的情况。每个季度会制定一份全面风险管理报告，报告全面风险指标的监测情况、分析变化，以便管理层能够全面掌握风险管理信息，为日常经营活动和绩效考核提供支持。

二、全面风险管理工作建设的探索和实践

（一）加强全面风险管理能力建设

近年来，国银金租主要在补短板、强弱项上加强全面风险管理能力建设。通过对照监管要求，查找差距，从完善重点类别风险管理体系和加强重点行业分析与研究等方面提出具体优化工作方案。

（二）完善信用风险偏好和管理政策

为贯彻落实新发展理念，做好对碳达峰碳中和发展目标的金融服务支持，国银金租在以下方面开展探索和实践工作。第一，推动重点地区和领域业务开发。重点推动符合京津冀协同发展、长江经济带发展、粤港澳大湾区建设、长三角一体化发展、黄河流域生态保护和高质量发展等区域重大战略

的业务开发。第二，资源向重点行业倾斜，落实中央指导政策。优先支持国家需要金融机构给予支持的行业，在绿色环保、新能源等行业积极开展创新。第三，将ESG相关风险纳入全面风险管理体系框架。国银金租参考联合国可持续发展目标（UNSDG）和可持续发展会计准则委员会（SASB）标准等全球标准，做好“双碳”部署，制定可量化的指标，对ESG相关风险进行定期监测和报告。

（三）建设大数据技术的风险预警体系，构建全天候的风险监测预警机制

国银金租利用金融科技赋能业务发展，推动构建了基于大数据的全流程、全产品、全面风险预警体系。系统通过整合内外部风险信息，与内部客户信息、交易信息进行深度融合，形成覆盖全业务、各领域的指标体系和预警特征，全面捕捉宏观、中观和微观等多维风险预警信号，将违规报警和风险分级预警信息内嵌于租前、租中、租后全流程业务管理，全面提升风险预警的灵敏性、智能性与精准度。

（四）构建全员参与的风险文化建设机制

深入推进具有公司特色的风险文化建设工作，培育良好的风险管理文化，通过立体化的风险文化培育，坚定全公司上下文化自信，提升全公司对风险管理的理念认知，强化风险管理独立性、专业性与权威性，提升风险管理价值。

科技租赁创新模式实践

杨鹏艳
中关村科技租赁股份有限公司

一、中关村科技租赁简介

2012年8月，国家发展改革委、科技部等九部门联合发文，明确提出在中关村设立融资租赁机构。2012年11月27日，中关村科技租赁股份有限公司（以下简称中关村科技租赁）正式成立。2020年1月21日，中关村科技租赁在香港联交所主板上市。中关村科技租赁的定位是做数字化的科创金融服务商，以“促进金融与科技的融合、成就科技创业者的梦想”为使命。

截至2022年，中关村科技租赁服务客户近1300家，其中估值10亿元以上的有150余家、上市企业有40家；2020年有3家客户于科创板上市、2家于美国纳斯达克上市；2021年有3家客户于科创板上市；认股权100余家，已投项目10余家。中关村科技租赁重点选择有丰富服务经验并适合在全国批量展业的行业开展业务，目前客户分布在大数据、大环境、大健康、大智造、新消费五大重点行业；同时根据行业趋势和市场情况，定期对重点行业进行评估与动态调整。

二、中关村科技租赁的模式创新之一：破局模式

（一）抓住科创企业的融资痛点

科创企业融资面临的痛点是财务表现一般、缺乏历史信用记录、缺乏传

统金融机构认可的信用资产，因此无法达到传统金融机构设置的融资条件，很难获得债权融资。中关村科技租赁通过建立信用创造体系解决科创企业融资问题，这一体系分为“信用发现”“信用培育”“信用传递”三个环节。

（二）科创企业信用创造体系

1.“信用发现”环节。“信用发现”环节是信用创造体系的关键。中关村科技租赁凭借多年来对大数据、大环境、大健康、大智造、新消费领域的行业洞察，对企业的成长规律和风险特征有了深刻的认知，发现企业的高成长性是一种信用能力，确立了“成长即安全”的风险管理理念。中关村科技租赁提炼企业的成长驱动因子，自主研发了主体成长性信用评级模型。通过这个模型，中关村科技租赁可以实现对科创企业的风险识别和价值判断。

2.“信用培育”环节。“信用培育”就是帮助企业培育和提升信用，是信用创造体系的核心环节。中关村科技租赁运用融资租赁兼具融物与融资的双重属性，通过服务型租赁、销售型租赁、项目租赁、知识产权租赁等创新产品为企业提供定制化的租赁解决方案，为企业提供首笔债权业务，帮助企业实现信用记录从0到1的突破。

3.“信用传递”环节。为企业在金融系统中留下首个信用记录的同时，通过联合租赁、银租通、保租通等创新服务，中关村科技租赁将企业的信用有效传递给其他金融机构。

（三）主体成长性信用评级模型

如何识别出具有高成长性、高附加值的优质科创企业？中关村科技租赁开发了主体成长性信用评级模型。首先，贯彻“成长即安全”信用理念，认识到科创企业的高成长性本身就是一种信用能力，能够缓解财务、运营等诸多风险。其次，根据科创企业的成长规律和风险特征，主要从创业团队、核心技术、市场环境、资本等维度分析企业成长驱动因子，而非传统金融机构聚焦的经营和财务数据。最后，中关村科技租赁持续迭代优化主体成长性信用评级模型，包括收入利润型、收入增速型、收入市值型等，准确识别企业风险和价值。截至2022年，中关村科技租赁已经获得17项风险管理系统软件著作权。

三、中关村科技租赁的模式创新之二：破界模式

（一）投租联动商业模式

投租联动商业模式具体包括，租赁公司向客户提供融资租赁并签订认股权协议，在合适时机由投租联动基金行权，租赁公司是投租联动基金的GP和LP，租赁公司通过转让认股权及基金投资回报分享客户成长价值。

（二）打破传统金融机构盈利边界

这一模式对于租赁公司而言，可以提升收益水平（收益类型包括租赁收益、认股权转让收益、LP收益、GP收益），同时可以增加客户的黏性、增强租赁业务的竞争优势；对于客户而言，可以避免早期稀释股权，降低债权融资成本，获得稳定长期的资金支持；对投租联动基金而言，可以实现“投得准、投得进、投得值”。

四、中关村科技租赁未来创新探索方向

（一）提升数字化运营能力

数字化运营能力主要是建设“租赁大脑”。“租赁大脑”有四大模块，即客户中心、智能尽调中心、智能评审中心、智慧租后，可以实现高效触达、精准服务、智能决策、精益管理四大功能。

（二）开展知识产权融资

1. 政策背景。《全面推进北京市服务业扩大开放综合试点工作方案》明确提出，要“试点著作权、专利权、商标权等无形资产融资租赁”；《中国（北京）自由贸易试验区总体方案》强调，要建设数字版权交易平台，带动知识产权保护、知识产权融资业务发展。

2. 业务资源。一方面，中关村科技租赁具有丰富的客户资源，即客户群体为拥有大量知识产权的高新技术企业，其因融资难、融资贵的困境有盘活

智力资本的需求；另一方面，中关村科技租赁有成熟的信用评级体系，基于多年服务科创企业的成功经验，能够对客户进行定量的风险和成长性评价，从而科学地评估和防范风险。

3. 重要意义。知识产权融资模式包括售后回租、知识产权二次许可两种。知识产权作为无形资产，可助力中关村科技租赁更好地匹配科创企业的资产结构，由此开拓新的市场，实现业务下沉，并加快业务线上化运营的步伐。

第三部分　法律合规

将有物作为回租租赁物的风险及控制

陈龙飞　孟华蝶
上海汉盛律师事务所

将有物是指在售后回租合同签订乃至租赁物价款支付时，承租人尚未取得所有权的租赁物。在未取得标的物所有权的情形下，当事人之所以仍选择回租而非直租交易模式，主要是基于以下考量：一是展业时标的物所有权在供应商等第三人处，受税费等经济成本和登记行政管理等因素的影响，当事人采用了直租转回租的交易模式；二是展业时标的物由承租人建设中，尚未成为法律意义上的“物”，一旦成为“物”即为承租人自有，如在建工程等（该种类型的租赁物无法采用直租交易模式）。实践中，以将有物为租赁物的融资租赁业务并不罕见，本文将对将有物作为租赁物的适格性及展业风险进行分析。

一、将有物作为回租租赁物的适格性分析

就供货商尚未交付的将有物是否可以作为融资租赁标的物，实践中存在支持与反对两种观点。反对者认为，银保监会《融资租赁公司监督管理暂行办法》第七条第二款要求租赁物应当具有权属清晰、真实存在的特征，《民法典》第七百四十五条、银保监会《融资租赁公司监督管理暂行办法》第十四条均明确出租人应当取得租赁物所有权。从文义层面来看，无论展业时标的物系第三人所有抑或是不属于法律意义上的“物”，只要缔约时承租人不享有标的物所有权，那么“融物”属性便无法实现，因此将有物均无法作为融资租赁法律关系中的租赁物。支持者认为，将有物并非当然不得作为租赁物，而是应当根据标的物所有权是否最终转移进行判断。从法律法规层

面来看，一方面，现有法律未明确禁止该类标的物作为租赁物。国际统一私法协会《租赁示范法》第2条规定，租赁物是指所有承租人用于生产、贸易及经营活动的财产，包括未来资产。《天津法院融资租赁合同纠纷案件审理标准》第4.1.4条规定，以承租人将向出卖人购买的特定重型汽车、农机设备等为租赁物的售后回租合同，租赁物为将来交付之物不影响融资租赁合同的性质。另一方面，现行法律明确区分了物权变动原因与结果，《民法典》第五百九十七条第一款规定，因出卖人未取得处分权致使标的物所有权不能转移的，买受人可以解除合同并请求出卖人承担违约责任。可见买卖合同并不因出卖人不具有所有权而当然无效，融资租赁法律关系中买卖关系同样适用该规则，承租人向出租人出售暂未取得所有权的租赁物并不当然导致买卖关系无效和所有权无法转移。

从国内司法实践来看，有法院认为融资租赁法律关系中的物权变动不应当局限于缔约或购买价款支付的节点，只要当事人最终取得了所有权，即可认为该融资租赁法律关系中租赁物所有权发生了变化，“融物”事实成立。天津市第三中级人民法院（2019）津03民终1569号判决书认为，即便在售后回租合同签订时租赁物尚未向承租人交付，只要根据承租人与出卖人所签订的《客车销售合同》，承租人享有出卖人向其交付租赁物的期待权，租赁物交付就是可预期的。承租人向出租人出卖已经购买的但尚未交付的标的物，并不违反法律规定，不影响融资租赁合同的性质。上海市浦东新区人民法院（2020）沪0115民初16495号判决书认为，买卖合同标的物既可以是现实存在之物，也可以是将来产生之物。根据物权变动原因与结果区分原则，当事人在缔约时对标的物没有所有权或者处分权，并不影响作为原因行为的买卖合同的效力，但能否发生所有权转移的物权变动的效果，则取决于当事人嗣后能否取得所有权或处分权，此时物权变动属于效力待定状态。本案中当事人签订《售后回租合同》《委托付款协议》时，承租人已与案外人磋商购买涉案租赁物事宜，且已对涉案租赁物所有权转移进行了约定，应当认定案涉法律关系为融资租赁法律关系。

综上所述，支持者与反对者的主要分歧在于售后回租结构中，承租人在缔约时未取得租赁物是否影响出租人所有权的取得，进而导致影响融资租赁法律关系的成立。综合来看，支持者的观点有法律支撑及司法实践，且更有利于融资租赁产业的发展，我们认为供货商尚未交付的将有物可以作为融资租赁物，但出租人在业务操作中需做好风险控制并在后续资产管理过程中及时取得所有权。

但对于在建工程将有物，监管意见和司法实践倾向于否定在建工程作为租赁物的适格性。银保监会《关于开展“巩固治乱象成果　促进合规建设”工作的通知》把金租公司违规以在建工程作为租赁物当作工作要点。最高人民法院在《中华人民共和国民法典合同编理解与适用（三）》中认为，在建住宅商品房融资租赁不构成融资租赁合同关系，因为在建项目尚不具备法律上的所有权，房地产开发商并非标的物的实际使用人，在建工程也不符合固定资产的定义。广东省佛山市中级人民法院（2018）粤06民初56号判决书认为，出租人确认“租赁物”主厂房在诉争合同关系确立时尚未完全建成，即仍属在建工程，也未提交证据证明主厂房在当时已经完工，以及承租人已取得该不动产所有权，因此案涉法律关系为借贷法律关系。因此，我们认为在建工程将有物不适合作为融资租赁物。

二、供货商尚未交付的将有物风险控制

如上所述，将有物融资租赁项目最大的风险点来自租赁物实际不存在或最终未转移所有权，因此对于供货商尚未交付的将有物，项目结构设计应当围绕该项风险点展开。

（一）完善缔约前租赁物资料审查

售后回租中的租赁物最终需要转移所有权，即便是将有物，承租人也应当提交一定的资料来佐证其对标的物交付享有期待利益。因此在项目审批时，融资租赁公司需尽可能地收集租赁物原始资料，包括但不限于供应商与承租人之间的购买合同、发票等，进而体现出租人已审慎审查了租赁物相关情况。

（二）跟进展业后租赁物实际交付情况

除了租赁物接受证明、所有权转移证书外，融资租赁公司还可以收集租赁物实物照片、视频资料并进行留存的方式佐证租赁物已实际交付，所有权

已转移。若租赁物为机动车，融资租赁公司还可要求承租人提交机动车登记证，以体现租赁物真实存在和已交付给承租人。

（三）控制放款时间节点

为避免出现租赁物所有权最终未转移的情况，融资租赁公司可将租赁物购买价款支付时间节点与租赁物实际交付的时间节点相挂钩，可选择将全部或部分款项在实际交付后支付。

融资租赁：《民法典》下出租人权利救济方式的选择

黄　亚
浙江稠州金融租赁有限公司

《中华人民共和国民法典》（以下简称《民法典》）于2021年正式实施，2013年通过的《最高人民法院关于审理融资租赁合同纠纷案件适用法律问题的解释》（以下简称原《融资租赁解释》）也进行了第一次修正，融资租赁交易随之在法律层面迎来巨大变化，融资租赁合同被界定为非典型担保合同，出租人对租赁物的所有权被功能化为非典型担保物权，租赁物的公示被纳入统一的动产和权利担保登记体系等，无一不对融资租赁交易中出租人权利保护提出了新的要求。本文尝试结合《关于适用〈中华人民共和国民法典〉有关担保制度的解释》（以下简称《民法典担保制度解释》）浅述在《民法典》时代下，出租人权利救济方式的选择和注意事项。

一、出租人权利救济的规则变迁

为了便于分析，本文讨论情形仅为承租人违反租金给付义务而引发的融资租赁合同纠纷，其他可能引起融资租赁合同纠纷的情形暂不考虑。相较于《中华人民共和国合同法》（以下简称《合同法》）及原《融资租赁解释》，《民法典》及《最高人民法院关于审理融资租赁合同纠纷案件适用法律问题的解释》（2020年修正）（以下简称新《融资租赁解释》）下，融资租赁出租人的诉讼请求依据条款没有发生较大变化，如《民法典》第七百五十二条继续保持出租人需在租金加速到期或者解除合同收回租赁物二者择一的救济方式，《民法典》第七百五十八条第一款的租赁物清算规则等；仅在《民法典》第七百五十八条新增第二款有关于“当事人约定租赁期限届满租赁物归出租人所有，因租赁物毁损、灭失或者附合、混合于他物致使承租人不能返还的，出租人有权请求承租人给予合理补偿”的规定。

不论《合同法》、原《融资租赁解释》，还是《民法典》及新《融资租赁解释》，都较为完整地规定了承租人未按约履行租金支付义务时出租人的救济方式，如融资租赁合同解除的法定情形、赔偿损失的范围计算以及租赁物价值的确定方法等。根据前述救济方式的具体条款，承租人违反租金支付义务时，出租人可以选择催告承租人仍不履行时，主张全部租金债权加速到期；或者经催告承租人仍未履行的要求解除融资租赁合同，收回租赁物，并要求承租人赔偿租金债权与收回租赁物价值的差额，租赁物价值的确定则按照合同约定或者法律规定执行。当然，在适用租赁物的清算规则时，应遵循损失填补及损益相抵规则，收回租赁物的价值高于欠付租金债权的，出租人应予返还；若约定期满租赁物归属出租人所有的，承租人还应向出租人给予不能返还租赁物的合理补偿。

二、非典型担保界定提供的新救济路径

根据《民法典》第三百八十八条 “担保合同包括抵押合同、质押合同和其他具有担保功能的合同”及《民法典担保制度解释》的相关规定，在《民法典》时代下，融资租赁合同在法律层面被界定为非典型担保合同，出租人对租赁物的权属被功能化为非典型担保物权。融资租赁交易的这些变化，也为出租人在面对承租人违反租金给付义务时，提供了更多维护自身权利的选择。

根据《民法典担保制度解释》第六十五条第一款关于“在融资租赁合同中，承租人未按照约定支付租金，经催告后在合理期限内仍不支付，出租人请求承租人支付全部剩余租金，并以拍卖、变卖租赁物所得的价款受偿的，人民法院应予支持；当事人请求参照民事诉讼法‘实现担保物权案件’的有关规定，以拍卖、变卖租赁物所得价款支付租金的，人民法院

应予准许”的规定，出租人在主张租金加速到期时，可按照普通民事诉讼程序一并要求拍卖、变卖租赁物并就所得价款受偿；或者参照《民事诉讼法》，通过“实现担保物权案件”的特别程序，直接要求拍卖、变卖租赁物并就所得价款受偿。承租人未按约履行租金支付义务时，出租人不论选择租金加速到期还是解除合同收回租赁物，其目的均是最大限度避免其租金债权损失，《民法典》及《融资租赁解释》要求出租人必须在租赁物、租金债权二者中作抉择，使得出租人在选择诉请时稍显笨拙，并可能增加额外的诉讼程序。《民法典担保制度解释》第六十五条第一款缓和了出租人的这一处境，也是融资租赁交易中出租人租赁物所有权担保功能的价值体现。

因此，结合《民法典》第七百五十二条、第七百五十八条和《民法典担保制度解释》第六十五条等规定，笔者可以梳理出出租人救济方式的基本架构。在普通民事诉讼程序下，出租人可以选择：（1）主张全部租金加速到期；（2）主张全部租金加速到期，并以拍卖、变卖所得价款受偿；（3）主张解除合同，收回租赁物；（4）主张解除合同，收回租赁物并赔偿损失，在非诉程序下，出租人可以按照“实现担保物权案件”的特别程序，要求拍卖、变卖租赁物并就所得价款受偿。

三、新救济路径在司法实践中的应用

下面笔者将结合两则案例，简述《民法典》实施后，出租人新救济路径在司法实践中的应用及应注意的事项。

案例一：出租人主张租金加速到期，可同时主张对租赁物进行拍卖、变卖并优先受偿。案号：（2021）沪74民初583号。

案情概况：本案因承租人逾期支付租金，出租人提起诉讼，主张租赁合同加速到期，要求承租人立即支付全部未付租金、违约金、逾期利息、律师费、诉讼保全保险费，且有权拍卖、变卖租赁物并就所得价款优先受偿，最终法院支持了出租人的诉讼请求。

法院主要观点摘录：从新法的规定来看，融资租赁中出租人对租赁物享有的所有权具有担保功能，承租人经催告后在合理期限内仍不支付租金的，在出租人通过诉讼请求承租人支付全部未付租金的条件下，如果能就拍卖、变卖租赁物所得价款受偿更有利于双方债务的清偿，并不违背合同当事人的合理预期。故《民法典》及《民法典担保制度解释》第六十五条关于“拍卖、变卖租赁物所得的价款受偿”的规定可适用于本案。

至于融资租赁合同出租人能否就租赁物拍卖、变卖所得价款享有优先受偿权，本院认为，根据《民法典》第七百四十五条，“出租人对租赁物享有的所有权，未经登记，不得对抗善意第三人”，以及《民法典担保制度解释》第六十三条，非典型担保中，“当事人未在法定的登记机构依法进行登记，主张该担保具有物权效力的，人民法院不予支持”等规定，出租人享有优先受偿权的前提是融资租赁合同及出租人对租赁物享有的所有权已经办理登记，且相应登记具有公示公信的作用。本案中，《融资租赁合同》及租赁物所有权系于2019年9月19日在中国人民银行征信中心动产融资统一登记公示系统登记，但当时该系统还未属于具有法定效力的公示平台。自2021年1月1日起，经国务院批准，中国人民银行征信中心动产融资统一登记公示系统成为在全国范围内实施动产和权利担保统一登记的平台，具有法定的公示公信力，本案中出租人所登记的《融资租赁合同》及租赁物所有权也被纳入登记系统且公开可查，应享有优先受偿权。

观点分析：本案中，法院将融资租赁作为非典型担保来对待，出租人对租赁物享有的所有权具有担保功能，依据《民法典担保制度解释》第六十五条的规定支持了出租人的诉讼请求。但应注意的是，《民法典担保制度解释》第六十五条第一款仅规定出租人可以就租赁物拍卖、变卖所得价款受偿，而非优先受偿。本案中租赁公司及时完成了中登网登记，就租赁物拍卖、变卖所得价款享有优先受偿权，若租赁公司没有进行中登网登记呢？似乎存在两种观点：第一种是根据《民法典》第七百四十五条及《民法典担保制度解释》第六十三条的规定，出租人的所有权未在法定登记机构依法进行登记的，出租人主张就租赁物拍卖、变卖所得价款优先受偿的，人民法院不予支持（本案例中法院持此观点）。第二种是与动产抵押权的实现规则相似，《民法典》第七百四十五条仅是规定未经登记不得对抗善意第三人，即使出租人对租赁物的所有权未作登记，出租人仍然可以就租赁物拍卖、变卖所得价款优先受偿，只是未经登记的，不得对抗善意第三人。当然，不管是哪种观点，本案中租赁公司若未及时完成中登网登记或者登记不清晰，且存在善意第三人主张对租赁物享有其他权利，出租人主张就拍卖、变卖租赁物所得价款优先受偿，存在不被支持的风险。因此，在《民法典》时代下，租赁物登记变得更加重要。

案例二：运用《民事诉讼法》“实现担保物权案件” 特别程序处置租赁物。案号：（2021）冀1025民特7号。

案情概况：本案中承租人以其名下的一套生产线设备作为租赁物，与出租人开展融资租赁售后回租业务，融资租赁合同签订后，因承租人未按约履行租金支付义务，出租人向法院提起诉讼并取得生效判决，要求承租人向出租人支付全部未付租金。后出租人提起特别程序申请对涉案租赁物进行拍卖、变卖，并以所得价款受偿，最终法院支持出租人的申请。

观点分析：本案中法院依据《民法典担保制度解释》第六十五条第一款的规定，支持了出租人申请，准许拍卖、变卖租赁物并就所得价款受偿。但应注意的是，本案中出租人在提起“实现担保物权案件”特别程序前，已事先通过普通民事诉讼程序取得全部租金的胜诉判决，出租人、承租人双方间的争议已经法院审理查明。根据《关于适用〈中华人民共和国民事诉讼法〉的解释》（2022）（以下简称《民事诉讼解释》）第三百七十二条“人民法院审查后，按下列情形分别处理：（一）当事人对实现担保物权无实质性争议且实现担保物权条件成就的，裁定准许拍卖、变卖担保财产；（二）当事人对实现担保物权有部分实质性争议的，可以就无争议部分裁定准许拍卖、变卖担保财产；（三）当事人对实现担保物权有实质性争议的，裁定驳回申请，并告知申请人向人民法院提起诉讼”的规定，“实现担保物权案件”特别程序属于非讼程序，是在没有民事权益争议的情况下，由申请人或利害关系人请求法院确认担保物权是否存在从而作出裁定拍卖、变卖担保财产，不存在权利义务的争议是担保物权实现程序的实质要件。因此，在出租人提起的特别程序中，若承租人对融资租赁关系是否成立、租金金额计算等提起异议，那么存在法院以申请人主张实现担保物权的条件尚未成就，对出租人申请不予准许的风险。

结语：笔者认为，在融资租赁已被界定为非典型担保的背景下，出租人应在传统的救济路径基础上，结合《民法典》《民法典担保制度解释》《民事诉讼解释》等规定，运用新救济路径设计合理、高效的诉讼方案，最大限度地维护自身权利。

参考文献

高圣平．担保法前沿问题与判解研究（第五卷）[M]. 北京：人民法院出版社，2021.

“联合承租”交易模式下出租人法律风险分析及防范

孙春梅　李　葳
上海段和段（郑州）律师事务所

关于联合承租，目前法律上并无界定。实务中所见的联合承租，通常是指在一个融资租赁交易中，承租人一方至少存在两个以上的主体，由两个以上的承租人按约共同向出租人履行支付租金等合同义务。鉴于实务中的联合承租多见于售后回租、两个承租人主体下的交易，本文仅对此类联合承租交易模式进行探讨分析。

一、联合承租的操作模式

实务中，出租人选择联合承租模式多出于增信的需要，但也有因承租人一方融资条件受限所需。一般情况下，联合承租的操作模式分为两种：一种是两个承租人直接参与融资租赁合同签订及履行的全过程，即两个承租人均是融资租赁合同的一方主体。另一种是承租人之一在融资租赁合同签订后的履行过程中，通过签订补充协议或出具确认函的方式参与融资租赁合同项下租金等债务的履行责任。

第二种操作模式比较简单，仅是承租人之一参与租金等合同债务的履行责任。就第一种操作模式而言，我们在实务中看到，绝大部分的联合承租模式，是其中一个承租人向出租人出卖租赁物，出租人向其中一个承租人支付融资款，约定由两个承租人承担租金支付义务，但由其中一个承租人具体履行租金支付义务。

二、监管合规视角分析

根据《金融租赁公司管理办法》第五条的规定，售后回租业务是指承租人和供货人为同一人的融资租赁方式。根据该规定，笔者认为，售后回租交易模式下，租赁物的出卖人应和租赁物的使用者、租金的支付者为同一主体。而在联合承租模式下，如前所述，绝大部分的操作模式仅设定承租人之一向出租人出卖租赁物、支付租金，租赁物一般也是由承租人之一占有使用，显然不符合上述规定。但业内也有观点认为，仅是承租人之一不满足上述规定的条件，另一承租人满足供货人和承租人同为一人的条件，不能因此否定基础交易性质、认定联合承租模式违反上述规定。另经检索，目前未见到租赁公司因此受到监管机构处罚的案例，但笔者认为，该问题也应当引起关注。

三、司法实务视角分析

作为租赁公司来讲，除了保证交易的合规性之外，应重点关注交易所涉的法律关系性质以及承租人的责任承担，即联合承租能否被人民法院认定构成融资租赁法律关系，法院能否认定所有承租人依合同约定向出租人承担租金等款项的支付责任，合同约定的全部债权能否得到法院的全部支持，详细分析如下。

（一）融资租赁法律关系认定

笔者检索现有生效判例，未发现审理法院仅因联合承租模式否定融资法律关系。

但有生效判例否定共同承租人（指名义承租人）身份，认为该承租人与出租人之间不构成融资租赁法律关系。例如，天津市高级人民法院在作出的（2018）津民初61号民事判决书中认定共同承租人非租赁物的占用、使用人，其与出租人不构成融资租赁法律关系。虽否定了承租人身份，但天津市高级人民法院同时认为，依据合同约定，共同承租人自愿承担承租人义务，因此负有共同支付租金及相应款项的义务。

也有部分生效判例认可共同承租人（指名义承租人）身份，认可构成融资租赁法律关系。例如，最高人民法院作出的（2017）最高法民终155号民事判决书、北京市高级人民法院作出的（2016）京民终125号民事判决书。认可的主要裁判理由为：合同行为是当事人真实意思表示，系自愿行为，不违反法律或行政法规的强制性规定。这反映出审判法院在不违反法律或行政法规强制性规定的前提下，充分尊重当事人意思表示的裁判思路。

（二）共同承租人的责任承担

如前所述，如审判法院认可共同承租人身份，认为其和出租人之间构成融资租赁法律关系，则不影响合同约定的承租人责任承担。如不认可共同承租人身份，认为其和出租人之间不构成融资租赁法律关系，认定构成其他法律关系，则会影响到合同约定的承租人责任。司法实务中并非所有法院都如天津市高级人民法院在（2018）津民初61号民事判决书中的裁判观点（虽否定承租人身份，但认定仍按合同约定承担法律责任）。司法实务中，有部分法院持共同承租人（指名义承租人）的行为性质为保证担保或债务加入的裁判观点。

如认定构成担保性质。根据《公司法》第十六条的规定、《最高人民法院关于适用〈中华人民共和国民法典〉有关担保制度的解释》（以下简称《担保制度的解释》）第七条的规定，如共同承租人（指名义承租人）承担租金支付责任的行为未经股东会、股东大会或董事会决议，而直接由法定代表人超越权限对外签署其作为共同承租人的租赁合同或承担租金支付责任的相关文件，在债权人（出租人）不能举证证明己方系善意的情况下，该合同或文件对共同承租人公司不发生效力，即法院会认定共同承租人不承担担保责任。此时，根据《担保制度的解释》第七条的规定，债权人（出租人）只能根据共同承租人的过错程度要求其承担赔偿责任，将会影响到出租人全部合同债权的实现。

如认定构成债务加入性质。根据《担保制度的解释》第十二条的规定，法定代表人以公司名义加入债务的，人民法院在认定债务加入行为的效力时，可以参照《担保制度的解释》第七条规定的关于公司为他人提供担保的规则处理，具体同上。

四、主要建议

鉴于联合承租模式在行政监管和司法实务中存在的上述风险，笔者从融资租赁公司角度提出以下建议。

（一）作出共同承租人共有租赁物、共担融资租赁合同权利义务的安排

售后回租融资租赁交易的关键特征为承租人将自有物出卖给出租人，再从出租人处租回，出卖人与承租人同为一人。融资租赁交易中承租人的主要权利义务为占有、使用租赁物并向出租人支付租金，目前法律法规均未对承租人为两方以上主体作出禁止或限制性规定。因此，只要联合承租交易安排符合售后回租的交易特征，符合承租人权利义务的特征，便可最大限度回避合规及司法风险。具体做法为：作出共同承租人共有租赁物、共同签订租赁物买卖合同转让租赁物、共同签订融资租赁合同、共同支付租金，甚至共同占有使用租赁物的交易安排。当然，在作出上述交易安排时，还应理顺融资租赁交易背后共同承租人之间的法律关系，完善承租人与出租人之间的交易文件及交易流程，也应考虑租赁物与所有共同承租人的经营范围及主营业务之间的关联性。

（二）作出委托收取融资款、委托支付租金的安排

具体操作中，出租人一般是将融资款支付给共同承租人一方，由共同承租人一方向出租人支付租金。为确保出租人义务履行符合法律规定及合同约定，以防承租人抗辩，确保交易符合售后回租的交易特征，可以要求未实际收款、未实际支付租金的共同承租人向出租人出具委托另一方承租人收取融资款项、支付租金的相关书面文件，也可在交易合同中作出类似约定。

（三）名义共同承租人股东会、股东大会或董事会进行决议

如前所述，联合承租存在审理法院认定构成担保或债务加入的可能性。为防范该风险，建议出租人在交易时按照法律及司法解释关于担保的要求审查共同承租人一方（指名义承租人）的公司章程，要求共同承租人按公司章

程及《公司法》规定提供股东会、股东大会或董事会关于通过共同承租人承担融资租赁合同项下债务的决议。

（四）兜底条款安排

司法实务中，融资租赁法律关系的认定存在诸多争议，存在裁判观点不统一的情况，联合承租模式下该情况会更为突出，存在人民法院否定交易性质、融资租赁法律关系的可能性，一旦审理法院作出否定性认定，将直接影响到承租人的责任承担以及合同全部债权能否实现。为在一定程度上回避该风险，建议在交易合同中约定，无论发生何种情况，共同承租人承诺均应向出租人承担连带支付责任，承担合同约定的全部责任。

综上所述，融资租赁交易本身在司法实务中争议较大，风险点也较多，融资租赁公司在选择联合承租交易模式时，应结合具体交易条件防范监管合规和司法实务层面存在的法律风险。

融资租赁公力救济与私力救济的困境及出路探析

温　涛
物产中大融资租赁集团有限公司

当融资租赁业务出现逾期时，作为债权人的出租人会考虑采取各种措施进行追偿，在具体追偿过程中，出租人也同样会面临各种各样的问题。本文试图通过对融资租赁逾期救济措施的分析和研究，期望为融资租赁逾期处置提供可能的参考和启发。同时需要说明的是，为方便理解和研究，笔者简单地将出租人所采取的措施进行了分类，即分为公力救济方式和私力救济方式，并将公力救济定义为借助国家公权力机关进行债权追偿的行为，特别是指出租人通过诉讼追偿租金的方式，而将私力救济定义为出租人在不借助公权力的前提下，通过自身的努力进行追偿的行为。

一、融资租赁公力救济及其困境

根据前述解释，公力救济主要是指债权人借助公权力机关特别是通过人民法院诉讼进行租金追偿的行为，借助公权力进行追偿的主要法律依据至少包括以下条款：

《民法典》第七百五十二条规定：承租人应当按照约定支付租金。承租人经催告后在合理期限内仍不支付租金的，出租人可以请求支付全部租金；也可以解除合同，收回租赁物。

《最高人民法院关于审理融资租赁合同纠纷案件适用法律问题的解释》第十条规定：出租人既请求承租人支付合同约定的全部未付租金又请求解除

融资租赁合同的，人民法院应告知其依照民法典第七百五十二条的规定作出选择。

出租人请求承租人支付合同约定的全部未付租金，人民法院判决后承租人未予履行，出租人再行起诉请求解除融资租赁合同、收回租赁物的，人民法院应予受理。

《最高人民法院关于审理融资租赁合同纠纷案件适用法律问题的解释》第十一条规定：出租人依照本解释第五条的规定请求解除融资租赁合同，同时请求收回租赁物并赔偿损失的，人民法院应予支持。

前款规定的损失赔偿范围为承租人全部未付租金及其他费用与收回租赁物价值的差额。合同约定租赁期间届满后租赁物归出租人所有的，损失赔偿范围还应包括融资租赁合同到期后租赁物的残值。

《最高人民法院关于适用〈中华人民共和国民法典〉有关担保制度的解释》（以下简称《民法典担保制度司法解释》）第六十五条规定：在融资租赁合同中，承租人未按照约定支付租金，经催告后在合理期限内仍不支付，出租人请求承租人支付全部剩余租金，并以拍卖、变卖租赁物所得的价款受偿的，人民法院应予支持；当事人请求参照民事诉讼法“实现担保物权案件”的有关规定，以拍卖、变卖租赁物所得价款支付租金的，人民法院应予准许。

根据上述法律规定，在融资租赁业务出现逾期时，出租人可采取的措施主要包括：（1）向法院主张所有到期及未到期的租金加速到期，并确定加速到期日，要求承租人从加速到期日起归还所有租金及违约金等，在《民法典担保制度司法解释》实施后，理论上，出租人此时也可以一并主张以拍卖、变卖租赁物所得的价款受偿。（2）向法院主张解除合同，收回租赁物，在收回租赁物后，租赁物的价值不足以清偿承租人租金的，出租人仍有权继续向承租人追偿。（3）出租人在主张加速租金到期后，承租人不履行的，出租人还可以再行主张解除合同收回租赁物。其中，第（1）种方式和第（2）种方式不能同时采用，只能择一行使。

在实践中，鉴于出租人在租赁物实际取回、处置中处于弱势地位，出租人采取的公力救济多数是主张所有到期及未到期的租金加速到期。但此时的矛盾也出现了，既然承租人已经逾期支付租金，且经过催收后仍不能归还到期租金，那么基本可以推断出租人已经丧失了偿还全部租金的能力（当然不排除承租人有钱故意不还的情形），除非有强有力的担保，否则出租人经过主张加速租金到期而达到收回全部租金的设想是很难变成现实的，而实际上往往是，出租人拿到了胜诉判决书，却执行不了。所谓的胜诉判决书，对于出租人来讲也就最多是一份安慰函罢了，至于为什么执行不了，除了承租人及担保人基本丧失偿还能力这个核心因素外，还可能包括承租人的财产线索难找、异地执行难做等原因。另外，虽然在《民法典担保制度司法解释》实施后，理论上，出租人此时也可一并主张以拍卖、变卖租赁物所得的价款受偿，但在实践中，落实并不理想，还暂未形成统一的实践做法，更不用说这种做法还会面临下文所提到的有关租赁物的寻找、取回、价值评估等一系列操作上的难题。

在主张债权无望的情况下，出租人能采取的另外一种方式就是向法院主张解除合同，收回租赁物。但简单的收回租赁物确实不是出租人的最终目的，收回全部租金才是。因此，就会面临收回租赁物后要对租赁物进行处置的问题，处置就会涉及租赁物价值的问题。根据相关法律规定，租赁物价值不足以偿还承租人租金的，出租人仍有权向承租人主张赔偿，但此时租赁物价值的高低，则直接决定了承租人赔偿的高低。而出租人所面临的实际问题是，一方面，从出租人起诉到最终取回租赁物并通过法院对租赁物进行拍卖、变卖之间存在较长时间的间隔，至少有3~6个月的时间，若是承租人提出不同的抗辩以及上诉等，则间隔时间会更长。但租赁物，如商用车等，其贬值速度是惊人的，在出租人起诉时，租赁物的价值基本上已经无法完全覆盖承租人的租金了，再随着诉讼进程的拖延，租赁物将会进一步贬值，中间的差额将会越来越大。本来出租人选择采取这种方式的前提是，承租人已经丧失了偿债能力，只能通过收回租赁物进行处置以降低损失，但随着诉讼时间的拖延，出租人所面临的损失可能会越来越大，这种情况对出租人来说只会雪上加霜，有弊而无利。另一方面，若出租人向法院请求，通过法院来确定租赁物的价值，由于法院所选定的评估机构以及所确认的租赁物价值时间节点等与出租人的想法往往存在一定的差异，因此也可能会造成租赁物实际价值与法院所确定的实际价值存在差距的问题，如法院可能通过评估机构确定某辆商用车租赁物价值为20万元，但出租人在实际处置中，可能只能卖到18万元，那么这其中2万元的差额损失，也只能由出租人自行承担了。

在公力救济上，还有一个出租人不得不考虑和面对的实际问题，那就是当地法院的立案数量（包括诉讼立案、执行立案）和效率的限制。虽然理论上立案数量的问题不应该存在，但鉴于现实中法院案多人少的实际情况，出租人在相关法院申请立案时，不得不考虑此种情况可能造成的障碍。同时在执行立案上，出租人还会面临委托外地法院执行（即委外执行）难的问题，鉴于出租人的业务是面向全国开展的，特别是对于商用车、工程机械等业务，更是在全国范围内开展，出租人往往会在合同中约定诉讼管辖法院为出租人所在地的法院，但当出租人拿到胜诉判决书后，却需要向承租人或承租人财产所在的异地法院申请执行，这种委外执行在实践中的落实并不理想，特别是当这种委外执行案件特别多的时候，会给当地执行法院带来较大的执行压力，因此相应的处理效果自然也就不理想了。

二、融资租赁私力救济及其困境

私力救济，作为与公力救济相对应的方式，按照前述对私力救济的定义，是指不借助公权力如法院的力量进行追偿的方式。从民事权利角度看，这种方式是一种权利人依靠自身能力实施自卫保护的民事权利。在民事法律领域，法律的原则是充分尊重市场主体的自主性，即对于私权利而言，在法无禁止的情况下权利人可以按照自己的意愿行使自身的权利（以不能损害公共利益为前提）。在我国，目前相关法律除了对正当防卫和紧急避险有明确规定外，并未对私力救济的其他情形给予清晰的规定。而在使用效果上，相比公力救济，私力救济确实会更加便捷和及时。

在融资租赁逾期处理上，出租人所能采取的私力救济方式包括但不限于短信催收、电话催收、催告函、律师函、登门催收与协商、调解、远程锁车（限制使用租赁物）、收回租赁物、自行或协商处置租赁物等。其中催收类的自助行为（包括电话催收、催告函、律师函等）更适用于有较强偿还意愿且能够在短期内具备偿还能力的承租人，登门催收与协商更适用于有配合意愿的承租人，远程锁车（限制使用租赁物）则更适用于承租人实际在使用租赁物的情形（但此种情况若处理不当，也可能会造成承租人向出租人主张赔偿因锁车而造成的损失）。实际上，对于出租人而言，其最大的业务风险即出现在既无偿还能力又无配合意愿的承租人身上，在此种情况下，出租人将租赁物收回并自行进行处置或许才是相对更好的办法。

实际上，在运用私力救济方式时首先可能面对的风险就是催收方式的合法性。在融资租赁业务中，因承租人逾期后，出租人擅自收回租赁物采取手段超过必要限度，最终演化为违法行为（如涉刑行为）的教训与案例不胜枚举。其次要面临的问题就是取回租赁物的合法性。从理论上讲，根据融资租赁合同的约定，在租赁期限内，融资租赁物的所有权归出租人所有，当承租人出现逾期时，出租人行使物权取回权，将自己的租赁物取回应该是不存在问题的，但鉴于融资租赁具有“不可解约性”等特点，在未解除合同的情况下就直接将租赁物取回则极易给出租人带来不利的法律后果。最后就是关于租赁物处置价值的问题。鉴于承租人已经丧失了偿债能力，作为债权人的出租人也只能通过处置租赁物来弥补自身的租金损失，根据法律规定，处置后与租金之间的差额，出租人仍有权向承租人主张赔偿。实际上，对于出租人而言，由于租赁物存在贬值风险，处置价格与租金之间总会存在一定的差额，这一部分差额仍需要出租人向承租人进行追偿，因此就会存在承租人认为租赁物处置价值低于实际价值，并提出抗辩的情况。

另外，根据最近的司法案例判决观点，我们也可以得知，当承租人发生欠付租金的违约行为时，出租人应对承租人进行催告并给予合理期限，在承租人仍不予支付租金的情况下，才构成严重违约而符合解除合同的条件。合同解除后，承租人才丧失对承租车辆的合法占有，出租人才有权取回。即使在融资租赁合同中约定了出租人未经解除合同即可自行取回车辆的条款，该条款由于属于排除承租人的主要权利以及减轻出租人自身责任的格式条款，而容易被认定为无效。同样，对于租赁物的处置问题，即使在融资租赁合同中约定了出租人取回车辆后可自行委托评估机构鉴定以及自行处置租赁物，但法院也认为该条款为出租人提供的格式条款，排除了承租人就车辆处置的合理性提出意见和进行参与的权利，而车辆处置价格的确定对于承租人而言系与其应承担责任的大小紧密相关，故依照法律规定也应为无效的条款。这导致案涉租赁物残值无法明确系由出租人的不当取回和自行处置的行为造成的，在无评估基础的情况下，出租人应承担实际残值不明的法律后果，应认为出租人所取回的案涉租赁物本身之价值已可覆盖自其取回车辆后应付的剩余租金。

总之，对于出租人而言，要处置租赁物，必须要有公平、公正的评估机构进行评估，确保评估价格合理；要取回租赁物，就必须先解除合同，要解除合同，就必须先进行催告，且需要给予承租人一定的催告期。而在实际私力救济过程中，出租人真正严格按照该程序进行的并不多，至于原因，一方面可能是催收人员为了追求快速处理，对应遵循的程序认知不足；另一方面也可能是承租人非常不配合，甚至出现激烈的对抗或失联，而使协商处置出现困难。

三、公力救济与私力救济出路之探讨

根据一般逾期管理规则，在承租人出现逾期不严重时出租人基本上会采取私力救济的方式，比如电话催收、上门催收、根据合同约定限制承租人对租赁物的使用等，待承租人出现严重逾期时，比如逾期超过90天等，才会采取诉讼的公力救济方式，这也符合债务逾期处理的成本规则。逾期时间越长，收不回债权的可能性就越高。逾期时间较短时，收回的可能性较高，此时可以采取成本较低的私力救济方式；逾期时间较长时，就需要采取成本较高的公力救济方式，此时公力救济方式的高成本包括但不限于所花费的律师费、诉讼费以及相关的时间成本、人力成本等。

当然，出租人到底要采取何种措施进行催收，则需要根据具体逾期项目的特殊性来确定。公力救济和私力救济都有各自的优缺点，也都有各自在实践中的难点。公力救济中的诉讼方式周期长，程序烦琐，即使取回了租赁物，也无法及时解决租赁物贬值的问题。私力救济难以把握实施的“度”，在方式上、程序上、租赁物价值处理上一旦处理不当，不仅解决不了问题，还会节外生枝。如何充分使用并有效发挥各种处理方式的优势来更好地处理融资租赁逾期事宜，笔者认为至少还可以从以下几个方面努力：

第一，在面对不同的案件，特别是商用车、工程机械等散单业务逾期时，可以对不同的案件进行分类评估，对那些能够协商、能够找到租赁物、承租人愿意配合、租赁物贬值较快的项目，可以充分发挥私力救济快速、便捷的优势，争取与承租人达成调解，签署相应的还款协议或租赁物处置协议，将租赁物及时进行处置，至少可以收回绝大部分的租金，不足的部分，再与承租人达成新的还款协议，要求承租人分期付款或一次性付款，并保留相关起诉的权利。

第二，针对承租人不愿意配合的逾期项目，在对承租人的偿债能力进行分析的基础上，可考虑采取诉讼或较为强制的方式收回租赁物，如果承租人和担保人有偿债能力，则可以起诉承租人和担保人，并对承租人和担保人的财产进行保全，及时处置能够处理的财产。如果承租人彻底丧失了偿债能力，唯一值钱的就是租赁物了，则需要考虑到即使起诉了承租人，到最后不仅会面临除了处置租赁物以外再无其他有效救济措施的困境，还会面临租赁物严重贬值的风险，造成风险敞口增大，此时不妨大胆地通过私力救济的较为强制（在不涉刑且合法的情况下）的方式将租赁物取回并处置，越早处置，租赁物的价值就越高，越有利于保护出租人的权益。

第三，针对私力救济的方式，可继续规范相应的程序和场景。在收回租赁物上，根据“收回必先解除合同，解除合同必先催告”的原则，制定相应的通知文本，包括催告函、解除合同通知函等，要求催收人员按照规定的时间和方式向承租人先发送催告函并留给承租人一定的催告期，催告期过后再向承租人发送解除合同通知书，要求与承租人解除合同，并要求承租人归还租赁物，在发送相关文件时，应注意留存相关的底稿证据（可通过公证或EMS方式发送等）。取回租赁物时，如遇到承租人激烈抵抗的，出租人不宜采取过激的行为，此时最好的方式还是与承租人慢慢商谈或者直接转为公力诉讼救济，公力诉讼救济方式不仅可以促使承租人在法院的主持下与出租人达成调解或和解，合法地收回租赁物，还可以避免暴力取回租赁物可能带来的其他不利后果。在租赁物的处置上，应尽量提前和承租人选定有资质的租赁物价值评估机构，通过选用双方提前确定好的评估机构来对租赁物进行评估，很大程度上消除承租人对租赁物处置价值的质疑；若无法提前确定好相关的评估机构，则可以事后选择有资质、有一定影响力的评估机构（并争取取得承租人的同意和确认），确保租赁物的价值是公平、公正、合理的。

所以，公力救济也好，私力救济也罢，对于出租人而言，其核心目的就是要收回租金，减少损失。所以在实际应用中，出租人不用刻意严格地去区分什么是公力救济方式，什么是私力救济方式，能实现保障其权益的就是好方式。出租人若想更好地处置相关的逾期，除了对逾期项目进行详细分类、化整为零地采取不同的方式，重点规范私力救济的流程外，还需要学会灵活运用不同的方式，交叉使用公力救济和私力救济，比如可以在公力救济的过程中，充分发挥法院调解的能力，尽力达成与承租人的调解，通过法院合法取回或保全租赁物，提前将租赁物进行变现留存，避免不必要的长时间的讼累。在私力救济过程中，需要灵活把握机会，该果断的时候果断，该及时处置的时候及时处置，同时保留随时向法院起诉的权利，提前准备，也可借助诉讼的方式给承租人施压。

无论采取怎样的处置方式，出租人都要以最大限度地保障自身的权益不受或少受损害为根本出发点。同时，出租人还需要在实践中不断尝试和摸索可行的方式，因为很多方式理论上是可行的，但鉴于各种原因，在实践中并不一定都行得通。但无论怎样，笔者相信，实践中的问题总需要在实践中解决，这个过程仍需出租人付出更多的努力，毕竟融资租赁债务处置仍是出租人不得不面对的任重而道远的功课之一。

第四部分　租赁杂谈

绿色租赁发展现状与思考

高一翔
上海申能融资租赁有限公司

一、绿色租赁发展现状

（一）绿色租赁的定义

2016年8月31日，中国人民银行、财政部、国家发展改革委、环境保护部、银监会、证监会、保监会印发《关于构建绿色金融体系的指导意见》。其中指出，绿色金融是指为支持环境改善、应对气候变化和资源节约高效利用的经济活动，即对环保、节能、清洁能源、绿色交通、绿色建筑等领域的项目投融资、项目运营、风险管理等所提供的金融服务，包括绿色信贷、绿色债券、绿色股票指数和相关产品、绿色发展基金、绿色保险、碳金融等金融工具。

上海市融资租赁行业协会绿色租赁专业委员会将绿色租赁定义为“融资租赁企业为支持环境改善、应对气候变化和资源节约高效利用等经济活动所提供的租赁产品及服务”。绿色租赁应满足以下一个或几个方面：

1. 承租人主营业务符合绿色租赁产业参考目录。
2. 租赁融资的资金用途符合绿色租赁产业参考目录。
3. 租赁物符合绿色租赁的租赁物参考目录。
4. 其他有利于支持绿色产业和经济、社会可持续发展的租赁业务。

（二）绿色产业与融资租赁高度匹配

1. 绿色产业非常适合融资租赁。以风电光伏项目为例，单体项目规模适中，设备占比高（60%至90%不等）且直租需求强、标准化程度高、现金流稳定可预测、设备生命期大于项目投资期和租金偿付期、产业与同业的流通市场发达。

2. 融资租赁非常适合绿色产业。融资租赁产品具备长周期性特点，与资金投入大、建设周期长的绿色项目具有良好的匹配性。与银行等传统融资工具相比，融资租赁的优势在于地理区域全覆盖、融资条款个性化、风险控制双保险。

（三）绿色产业的市场空间巨大

在2020年9月第75届联合国大会上，习近平主席提出，我国力争于2030年前实现碳达峰，并努力争取2060年前实现碳中和。根据《国务院关于印发2030年前碳达峰行动方案的通知》（以下简称《方案》），到2030年，风电光伏总装机容量不低于1200GW。截至2021年末，我国风电光伏总装机容量640GW。按此计算，2022年至2030年至少需建560GW新能源项目。按15%、2小时配储，储能建设规模不低于168GWh。9年期间总投资约25000亿元，年均投资额约2800亿元。按30%的租赁渗透率估算，即为一个年均840亿元的庞大市场。值得注意的是，《方案》中提到的1200GW仅为底线目标，绿色产业的市场空间或将更大。与此同时，尚需考虑风电光伏之外的其他绿色项目（水电、垃圾发电、工商业储能、氢能等），以及配套的电网投资和电网侧储能投资。

（四）绿色租赁的政策支持力度大

《中国人民银行天津分行关于进一步推动天津市绿色金融创新发展的指导意见》指出，鼓励金融租赁公司设立绿色租赁专营部门，积极开展绿色租赁业务。

《上海市浦东新区绿色金融发展若干规定》指出，本市支持银行业金融机构加大对绿色融资租赁项目的资金支持。支持无形资产的融资租赁业务。开展绿色租赁业务的，可以适当放宽集中度限制。

《广东省发展绿色金融支持碳达峰行动实施方案》指出，支持设立服务绿色产业发展的融资租赁公司；支持开展绿色公交、新能源汽车、新型储能设施等绿色租赁业务。

（五）绿色租赁覆盖面有待扩大

人民银行官网显示，截至2021年末，我国本外币绿色贷款余额15.9万亿元，同比增长33%，存量规模居全球第一。据上海地区不完全统计，截至2021年末，绿色租赁资产近4000亿元，超过总租赁资产的20%。其中，2021年当年绿色租赁投放额约1865亿元，占当年租赁项目投放总额的比例超过20%。租赁已经成为支持绿色产业不可替代的力量，但比例仍然偏低。

绿色租赁普遍聚焦央企、国企、头部民企等优质客户以及风电光伏等主流业务。中小企业、新兴绿色业务有待绿色租赁的进一步覆盖。这需要各国企租赁公司，尤其是能源系国企租赁公司主动引领。

二、绿色租赁面临的问题

（一）资金供给端竞争程度加剧

1. 银行机构。2021年11月，人民银行印发《关于设立碳减排支持工具有关事宜的通知》和《关于设立支持煤炭清洁高效利用专项再贷款有关事宜的通知》，据此银行机构可以获得利率为1.75%的专项再贷款，极大地提升了银行在绿色领域的价格竞争力。租赁公司不受两项创新工具的惠及。

各银行机构加强绿色金融的布局。在组织架构上，成立绿色支行、绿色研究院，试点绿色金融事业部。在激励机制上，给予绿色信贷FTP定价优惠、加大绿色信贷占比考核等，鼓励业务部门加大资源倾斜。在发展战略上，许多银行机构，例如兴业银行和华夏银行，将发展绿色金融列为公司战略重点，打造成为绿色特色银行。

2. 绿色债券。2021年，中国债券市场在绿色债券下面增设了子品种“碳中和债”，主要投向基础设施绿色升级领域，自推出后其市场发行量持续增长。2022年7月，《中国绿色债券原则》正式发布，是中国绿色债券市场发展的里程碑，也是中国绿色债券标准实现国内统一、国际接轨的重要标志。

受益于绿色债券，新能源投资者的直融渠道更加畅通，绿债成本创新低的新闻在市场上不绝于耳。截至2022年7月底，我国绿色债券发行总和达到1.03万亿元，相较2021年同期的6695亿元，增长约53.8%。

3. 融资租赁。受限于传统政信业务难以为继，各大金融租赁和央企租赁公司被迫改变主战场，转战新能源市场。受限于关联交易占比不超过净资产50%的刚性约束，各大能源国企下属的租赁公司被迫走向市场，参与市场竞争。以金融租赁公司为例，目前70多家金融租赁公司中，有一半以上将绿色租赁作为主要业务领域，尤其以风力发电、光伏发电、新能源汽车等细分领域的规模较大。

（二）资金需求端话语权上升

“十四五”时期，风电光伏建设进入全面平价时代，项目收益水平大幅下降，项目必须规模化开发才能体现其经济性。平价时代的大基地建设，装机规模从MW级迈入GW级，在收益降低和不确定性增加的情况下，投资主体的角色更多地由资金实力雄厚、融资成本低廉、政策意识强烈的央企和国企来担当。曾经撑起我国新能源市场半边天的民营企业纷纷选择转型。它们或者轻资产转型，为央企和国企提供项目开发、装备和技术服务等；或者更多地专注于分布式、户用等收益率相对更高的新能源领域。

总体而言，目前新能源市场的头部效应非常明显，其中集中式项目集中于央企和国企，分布式项目集中于头部民企。承租人集中度提升，给融资租赁带来的结果就是，承租人的议价能力不断提升。目前，央企和国企新能源项目的融资成本已经远低于5年期以上LPR利率，头部民企的融资成本也大幅下降。除成本之外，承租人对年限、融资比例、放款条件等条款的议价能力也不断提升。

（三）现货交易导致收益不确定性增加

目前电力现货试点工作积极开展，第一批试点中，福建、山西、甘肃连续试运行时间已超过一年；第二批试点中，除上海外均已完成电力现货市场模拟试运行。其他非试点地区也已全面启动电力现货市场建设。

2021年《关于进一步做好电力现货市场建设试点工作的通知》提到，引导新能源项目10%的预计当期电量通过市场化交易竞争上网。2022年《关于加快建设全国统一电力市场体系的指导意见》进一步明确，到2030年，全国统一电力市场体系基本建成，新能源全面参与市场交易。

对新能源项目而言，现货交易影响有两个方面。电价方面，现场市场本质上反映的是某个时点的供需关系。一方面，新能源发电的反调峰特性导致其出力曲线难以与用户的用电曲线匹配，因此其负荷高峰卖高价的电量相对较少，负荷低谷卖低价的电量相对较多。另一方面，如果电源结构中新能源占比较高，由于供给的一致性，会对现货价格产生压制作用。考核方面，对于现货合同来说，需要完全按照合同约定的曲线进行电量交割，否则就要接受相应的偏差考核。由于新能源出力具有波动性、间歇性的天然短板，因此经常出现实际出力与申报电量不一致的情况。具体而言，如果预测偏高，实际出力低于申报电量，新能源企业要花高价购电来执行合同，否则就要受到偏差考核。如果预测偏低，实际出力超出申报电量，新能源企业会出现弃风弃光情况，否则要受到偏差考核。

（四）项目复杂性提升

新能源一个重要的发展趋势是建设源网荷储一体化和多能互补的新型电力系统。电力源网荷储一体化指通过优化整合本地电源侧、电网侧、负荷侧资源，推动源、网、荷、储高度融合，使电网调控从“源随荷动”向“源荷互动”转变，确保新能源电量消纳和社会电力可靠供应。源网荷储一体化和多能互补的新型电力系统，对比传统的相对同质化的单一新能源项目，投资端与收益端更加复杂多样。

以申能集团的包头市可再生能源一体化项目为例，该项目包括总共500MW可再生能源发电（风电+光伏）、绿电制氢、氢能基础设施网络建设、燃料电池车辆商业化运营以及氢能核心零部件生产线等，创造性地将风光资源和氢能产业系统性耦合。相关方包括申能、包钢以及浙江蓝能、上海瑞必科、氢晨科技、鲲华科技等产业链上下游企业。各单一项目的成本收益相互关联，需要从整体和大局上考量项目的经济性。

以最普遍但相对最简单的“新能源+储能”为例，投资端与收益端也发生较大变化。在投资（成本）端，假设 100MW 光伏电站配置 10%×2h，即10MW/20MWh，循环次数 5000 次，每天充放电一次。光伏电站运营周期 20 年，首年发电1400小时，固定电价0.39元/千瓦时。储能电池寿命 10 年。按照光伏电站 EPC 价格 3.98 元/瓦，储能系统 EPC 价格 1.7 元/瓦时计算，光伏电站全投资税前收益率为 8.83%，配储后全投资税前收益率为7.21%，下降1.62个百分点。在收益端，对于共享储能模式，其投资主体为独立第三方或大型新能源电站，其收益主要有三部分：第一是其他新能源电站支付的租赁费，第二是低充高卖的电差价收入，第三是辅助服务收入。对于自建模式，其收益表现为三个方面：第一是通过峰谷平移、减缓输电阻塞，减少弃风弃光，带来收益；第二是通过发电稳定性，减少偏差考核，带来收益；第三是辅助服务收入。

就目前而言，各收益部分的可测量性和可预计性都比较低。

（五）市场活跃度下降

2022年以来，国家的新能源管控政策发生较大变化，央企及国企的收购意愿和新能源交易市场的活跃度下降。

1. 国家的土地环保等相关政策大幅收紧。

2. 补贴核查的严格程度大幅提升，且带有追罚性质。

3. 国资企业压减工作持续开展。

4. 在加大合规管控的大背景下，2022年以来，大部分央企及国企都提升了新能源项目收购的过程管理强度。

受到上述因素的影响，央企及国企逐步调整项目开发模式，传统的预收购模式逐渐式微，市场的交易活跃度有所下降。反而自主开发，尤其是发挥央企及国企集中资源办大事优势的大基地模式备受青睐。

（六）技术变革风险

1. 多路线引发不确定风险。

（1）现代能源结构：多轮驱动。《“十四五”现代能源体系规划》：严控煤电项目，大力发展风电光伏，因地制宜发展生物质，探索地热能、波浪能、潮流能、温差能等，因地制宜开发水电，积极安全有序发展核电；加快页岩气、煤层气等非常规油气开发；积极扩大氢能应用。

（2）长时储能：技术路线不确定。就大规模的长时储能而言，锂电池有三个缺点：起火爆炸风险、功率与能量绑定、资源约束。抽水蓄能：最成熟、度电成本最低的储能技术；钠电池：更低的理论成本，更低的循环寿命；液流电池：容量、功率独立设计，规模易扩展；熔盐储热：热场景下的优质储能系统；压缩空气储能：效率提升后极具前景。

2. 新技术引领产业持续量变。

（1）光伏：N型TOPCon产业化元年到来。2022年TOPCon电池产能规模有望超过50GW，较2021年的10GW同比大增4倍，到2023年产能或达80GW。2022年，华电集团、大唐集团、国家电投、中核集团、中广核等能源央企先后大量采购N型TOPCon组件。N型TOPCon的市场渗透率预计2022年底即可超过10%，未来2~3年将是N型TOPCon技术迭代的黄金时期。

（2）氢燃料重卡：购置成本持续下降。氢燃料重卡的建造成本主要由燃料电池系统、储氢系统、蓄电池系统构成。其中燃料电池系统是最重要的降成本路径。随着质子交换膜、气体扩散层等核心技术工艺成熟和规模化生产，以及技术突破推动国产替代程度加深，49吨氢燃料重卡预计 2026 年初始购置成本降至90万元左右，2035年降至50万元。

三、绿色租赁未来发展的建议

（一）租投联动，产业化发展

租投联动对租赁公司的益处包括：

1. 以债权人和股东的双重身份参与项目建设，有利于进一步把控项目风险。

2. 合并业务流程，实现双重收益，进一步丰富租赁公司的盈利结构。

3. 通过引进产业合作人的行业资源，同时依托租赁公司自身的产业积累，增加租赁公司的客户黏性和产业纵深度，建立起来源稳定、项目持续、风险可控的业务基本盘，扩大租赁公司的差异化竞争优势。

4. 当投资条线逐步成熟发展，借助产业股东的背景，可以把投资业务拿出来独立发展，进一步增强租赁公司的绿色产业属性，为租赁公司的产业化发展、实体化发展奠定基础。

租投联动，对能源系租赁公司背后的产业集团，可以增加新能源项目的来源渠道，增加权益装机规模，并通过出表和并表的相关设计，保持规模发展的灵活性。

（二）租碳联动，协同化发展

绿色租赁的客户一般同步涉及租赁需求和碳资产管理需求。租碳联动，整合营销，可以为客户多维赋能，增加客户的业务黏性，提高租赁公司的差异化竞争力。

1. 将碳资产纳入租赁物范畴和增信等结构设计，放大融资租赁工具的赋能强度。

2. 基于庞大的能源客户网络，在客户的碳供需中平抑余缺，进行碳调剂，帮助降低履约成本。

3. 联合相关碳资产管理公司，向租赁客户宣贯碳理念并提供碳资产管理业务。

4. 联合相关碳资产管理公司，向其碳客户提供融资租赁服务，助推其“双碳”目标的实现。

（三）引领创新，前瞻式发展

1. 分布式光伏。大基地建设周期较长，且需要配套建设特高压外送通道，受益于“整县推进”的开展，分布式光伏突飞猛进，成为光伏新增装机规模的主力军。2021年，我国光伏装机新增量约为53GW，其中分布式光伏29GW，占比为54.72%，分布式光伏装机量历史上首次超过集中式光伏。2022年上半年，光伏新增装机30.88GW，其中分布式光伏19.65GW，占比为63.63%，占比继续上升。

分布式光伏集中在中东部等经济发达地区，贴近负荷中心。

相对于地面项目，分布式光伏项目具有成本空间大、合规性瑕疵少、电价确定性强等优势。有的租赁公司创新业务产品，通过推出多个项目打包上会审批、建设期可多笔投放、放松对项目公司管控等更加灵活的操作，形成与头部分布式开发商深度合作的局面。有的租赁公司联动产业资源，与组件生产商、设备制造商、建设总承包商等资源方开展合作，为分布式和户用业务提供资金，践行绿色普惠金融理念。有的租赁公司利用工业客户多的优势，直接下场，在与工业客户开展传统设备租赁的同时，以开发商角色开发工业客户的屋顶光伏业务。

2. 储能。在电源侧，东方证券预测，到2025年，中国电源侧储能电站的年度新增市场为19.2GW/48GWh。在电网侧，电力规划设计总院《电网侧新型储能发展需求分析》指出，“十四五”时期全国电网侧新型储能总需求规模约55GW，时长2~4小时，即110~220GWh。在用户侧，《“十四五”新型储能发展实施方案》明确，要灵活多样发展用户侧新型储能，支撑分布式供能系统建设。

3. 氢能。作为一种来源丰富、绿色低碳、应用广泛的零碳二次能源，氢能正逐步成为我国能源战略的重要组成部分。首先，氢能是助力新型电力系统加快建设的“好帮手”；其次，氢能是助力高碳领域加快降碳脱碳的“好能手”；最后，氢能是助力我国优化产业区域布局的“好助手”。

《氢能产业发展中长期规划（2021—2035年）》指出，到2025年建立较为完整的供应链和产业体系，初步建立以工业副产氢和可再生能源制氢就近利用为主的氢能供应体系。燃料电池车辆保有量约5万辆，可再生能源制氢量达到10万~20万吨/年。

申能集团制定了氢能发展的“三纵三横”战略，着力打通氢能发展“制—储—运—加—用”等关键环节堵点，推动行业加快由导入期向产业化发展。“三纵”着眼高端制造领域，布局氢气制备、储运设备、燃料电池三大产品。所投资的多家企业均已发展成为相关领域的头部企业，如浙江蓝能、上海氢晨、鲲华科技、苏州擎动等。“三横”聚焦上海本地、全国先发区域、特殊应用场景等。“三横”致力于推动三大纵向产品在实际场景的应用落地，实现氢能应用的完整商业闭环。申能租赁跟随集团步伐，在氢能储运设备、氢能车辆、氢能发电等领域有所涉及。

（四）降本增效，集约式发展

我国绿色债券涵盖了绿色金融债、绿色公司债、绿色企业债、绿色债务融资工具等具体券种，并且于2021年2月推出了首批碳中和债。截至2021年末，租赁公司共发行105只绿色债券，发行规模1120.77亿元，其中2021年绿色债券发行大规模扩张，增速超一倍，发行数量及发行规模分别达55只、640.87亿元。

作为能源产业背景的国企租赁公司，申能租赁抓住中国银行间市场交易商协会创新ABCP及推出碳中和债的契机，于2020年12月第一时间取得50亿元ABCP注册额度并顺利首发，迅速落地全国首批、上海首单碳中和ABCP。

平价时代较低的项目收益水平决定了融资成本不断压降，租赁公司必须持续降本。

从价值投资思考融资租赁的经营逻辑
——从格雷厄姆到中国式融资租赁

管晓枫
华宝都鼎（上海）融资租赁有限公司

一、投资与价值投资

（一）确定企业合理价值

根据格雷厄姆的定义，一个人如果基于正确逻辑进行了财务分析，遵循本金安全原则和选择合理的回报率，他就是投资者，不是投机者。对融资租赁而言，本质同样是用正确的逻辑确定项目的风险，明确风险相对应的合理定价，比较风险报酬比。当选择一个项目时，仅依靠财务报表判断企业未来发展，存在很多不确定性，融资租赁公司还需要掌握目标行业商业模式和运营逻辑、风险点与回报率，并判断是否具备长期吸引力。

（二）价值投资的核心——长期投资

在融资租赁行业，项目周期多为3~5年，一些航空航运项目8~12年的也不少见。作为中途退出不易、市场缺乏流动性的融资租赁标的，这就代表着融资租赁公司对项目和企业的分析要有一个长期的视角，标的企业除了SPV外，评估时要把是否能永续经营作为一个考量点。长期投资意味着，融资租赁企业评估项目时经常要问自己很多5年后的问题：5年后这家公司大概率还在不在？目前这股潮流5年后还是潮流吗？5年后这个行业还会像今天一样繁荣吗？

这些5年后问题的背后是长期投资和永续投资的视角，往往深思能得出项目纠结问题的答案。

（三）价值投资的核心——能力圈

巴菲特强调做自己能力范围内的事十分重要。他的成功秘诀之一便是把注意力集中在自己擅长的事上。高科技企业具有高成长属性，但对于融资租赁公司而言，利用传统的债权融资，收益水平不会因为科技公司的成功而增长，反而会因为科技公司的失败而损失全部本金。所以对于大部分融资租赁公司而言，不要挑战自身能力边界，在自身能力范围内，选择相对弱周期、传统行业和相对简单的企业，可能会相对安全一点。

二、价值投资理念在融资租赁行业的运用

（一）风险

好的风险管理者，是指既能吸取以往经验教训，又能预见从未发生过的事的人，特别是对风险高度敏感的人。

1. 行为金融——从众。迄今为止，伯克希尔哈撒韦旗下的所有保险公司仍然遵循一个原则：正确与否并不仅仅因为大家都这么做。案例表明，失败的银行家往往并不缺乏高智商和进取心，只是因为对他人的盲目模仿。巴菲特指出，银行的规模大或者小都没有影响，反倒是文化十分关键。他希望银行的首席执行官骨子里就带着风险控制意识。这对于融资租赁公司也同样适用，“一把手”本质是公司的首席风险官，很大程度上决定了公司的未来。

2. 放松标准。巴菲特和芒格指出，在保险行业，你用一大笔钱只能换来几张纸，所以很容易做傻事。犯上几个大错就能让你积攒多年的本钱付诸东流。对于融资租赁公司而言，一方面，项目投资的成功取决于合理风险的正确定价，拒绝的能力至关重要；另一方面，投资的成功并不需要非凡的智慧，反倒需要超常的纪律性。建议融资租赁公司长期积累，聚焦几个行业。

3. 杠杆与负债。杠杆可以放大回报，同时也会放大损失。融资租赁属于高杠杆行业，需要具备格外的敬畏之心。

4. 金融管理。巴菲特指出，银行的失败多归咎于管理层的失误，他们发

放那些非理性的贷款。过去美国银行业的总资产通常是净资产的十几倍，所以，任何一个管理上愚蠢的小失误，都足以侵蚀一家银行的全部净资产，导致其破产。因此，管理一家融资租赁公司就如同管理一家银行，不必想着成为第一名，只要考虑如何管理好资产、负债、成本和收益就可以了。

5. 集中与分散。鸡蛋不能放在一个篮子里，但实际情况下，集中与分散是相对的。假如对一家公司、一个行业非常了解（能力圈内），那么，集中投资法能够很好地降低风险。因此，融资租赁公司不能为了分散而分散，应该在熟悉的领域，适当提升集中度。同时也应该注意严格资产配置纪律，即便是非常熟悉的行业，可能也会存在颠覆性的风险，因此也需要格外谨慎。

（二）企业经营

巴菲特在谈起如何管理伯克希尔哈撒韦旗下公司的执行层时说："我们从不试图去教一个优秀的棒球手如何挥舞球棒。"这与菲利普·费雪的观点如出一辙，与最优秀的人打交道，不要干错事，不要试图教他们做什么。对于融资租赁公司的管理层、员工而言，在判断一个项目能否投资时，也应该像公司的主人一样行为和思考，在风险可控范围内，为股东提供一个稳健的、超越平均水平的回报。

（三）商业模式

1. 成长。将价格问题先放在一边，最值得拥有的公司是那些在一直延伸的时期里，不断利用增量资本获得高回报率的公司。与此相反，最糟糕的公司是那些要求不断的大量资本投入，但回报率低的公司。作为融资租赁公司，保持长期有序的增长，比追求一时快速增长而导致颠覆性变化更为重要。换言之，哪怕增长缓慢，只要永远增长下去，必然会长成一棵参天大树。

2. 商业模式。费雪对于公司盈利能力还有一个考虑，即公司未来的成长是否依赖新增投资。他说，如果一家公司的成长是由大量新增投资所致，那么股本的增大将摊薄现有股东的利益，使其无法分享成长的好处。一家高利润率的公司应具有内生性产生的现金流，这些资金能维持公司的成长，而无须额外稀释股东的权益。另外，一家在固定资产和运营资本需求方面控制有方的公司，能管理好它的现金需求，避免通过股票进行融资。

3. 外部环境。作为投资者，需要一个稳定的投资环境。一个环境迅速变化的行业或许会提供巨大的成功机会，但是它不具备我们寻找的确定性。对于融资租赁公司而言，在迅速变化的行业投资失败，损失将是惨重的，因此更需要一个稳定的投资环境。宏观经济很难判断，即便宏观分析正确，也很难确定收益。融资租赁处在时代的潮流中，需要做的是坚持自己的原则，持续经营。

三、关于融资租赁和价值投资的额外思考

（一）权益投资与债权投资

债权投资收益固定有限，一旦损失则为全部本息。

权益投资波动性大，上不封顶，下则为全部投资额。

（二）标准资产与非标资产

标准资产具备易复制性，流动性强。

非标资产流动性差，退出不易，偿债优先度低。

（三）投资级与高收益

投资级项目往往信用评级高，收益率低，但评级也不能完全代表真实风险，近几年AAA级爆雷也不鲜见。

高收益项目大部分是融资租赁的标的，“刀尖舔血”次数多了必然要被割舌头。

守正创新——助推融资租赁高质量发展

韩　睿
中铁金控融资租赁有限公司

习近平总书记在庆祝中国共产党成立100周年大会上的重要讲话中指出，为了实现中华民族伟大复兴，中国共产党团结带领中国人民，自信自强、守正创新，统揽伟大斗争、伟大工程、伟大事业、伟大梦想，创造了新时代中国特色社会主义的伟大成就。

守正创新，助推融资租赁行业高质量发展。守正就是要立足融资租赁本源，围绕产业做租赁，通过产融结合更好地控制风险。创新就是在控制风险的基础上围绕客户需求持续做好服务内容的实践和丰富。

一、宏观背景

每一个行业的发展都离不开宏观大势的发展。伴随中国经济高速发展，以及近年来国家推动的“一带一路”倡议等，新基建、都市圈、绿色经济、构建新发展格局等国家战略方针，融资租赁在产业结构转型升级中发挥了重要作用，实现快速发展。从当前面临的形势看，2021年是建党一百周年，也是第二个百年奋斗目标及“十四五”规划的开局之年，我国发展仍处于并将长期处于重要战略机遇期。同时也看到新冠病毒疫情对我们的影响逐渐成为常态，全球经济体系的供求失衡带来的波动在全球产生影响。融资租赁作为与实体经济紧密连接的金融业态，需要始终跟随国家战略和产业升级的大势。另外，银保监会出台了一系列规定，加上各地方金融监管局陆续出台相关细则，进一步明确租赁行业发展方向，融资租赁机遇和挑战并存。

二、融资租赁如何守正创新

（一）守正

从未来发展方向看，笔者认为融资租赁首先具备产业金融特点，是产融结合的桥梁，没有产业，融资租赁的基础相对薄弱。所以，所谓守正就是融资租赁要始终深耕产业，延伸产业链，这是融资租赁战略的目标。2021年是“十四五”规划开局之年，“十四五”规划强调坚持把发展经济的着力点放在实体上。融资租赁以特有的“融资+融物”模式对企业设备升级提供融资便利，坚持以融促产、产融结合，这是金融支持产业的基本逻辑。近两年来，融资租赁行业业务总量增速相比以往有显著放缓。但在行业总体增长放缓，加上不时出现各种爆雷风险事件的同时，也可以看到，少数真正具备核心竞争力的租赁公司并没有受到多大的影响，反而逆势而上、稳步前进。在从规模扩张向质量提升转变过程中，相应的优质资产也在向头部企业转移。越来越多的融资租赁公司认识到，融资租赁全行业大幅度扩张不会再有，而注重质量提升、强化管理发展的公司将脱颖而出。这么多年来，有一些头部公司已经在航空、航运、医疗器械等多个领域实现了专业化融资和资产的管理，围绕租赁本身形成了多元化盈利模式，回归租赁本源，切实为实体经济服务。

归结起来，笔者认为融资租赁首先要坚持守正。目前来说，我们对产业的深入还不够，只有产融深度结合才能更好地控制和管理风险。我们要结合未来发展趋势和公司的实际情况，集中力量发展具有比较优势的特定产业。通过深耕产业、依托产业、协同产业，充分融入产业链、供应链，实现专业化、特色化、差异化发展。

（二）创新

创新更多是源于外部环境压力和市场客户的需求变化，因此我们要根据产业特点、核心客户的需求和自身的资源禀赋，通过不断创新解决客户实际问题。租赁公司要通过创新找准定位，实现差异化发展。创新是为了更好地服务客户，要通过租赁让产业和金融更好地融合。

2021年初我们提出了要在“十四五”时期构建“一体、两翼、N驱”发展规划。“一体”是指开展以中国中铁内部单位为直接融资主体，我们充分发挥融资租赁优势服务主业的基础，由此形成高质量资产，推动公司快速发展。“两翼”是指围绕上下游产业链，以业主单位和供应商为主体，开展项目租赁、厂商租赁等多种业务。与主业进一步深度融合，既拓展了业务，又提高了公司利润。“N驱”是指投行化的咨询、撮合等业务。2021年基于该布局我们已经初步落地了一些业务，比如在中铁内部有一家专门做大型设备运营和施工的企业，我们双方开展了深入的合作。通过多种租赁方式连接上下游的设备厂商和施工单位，嫁接金融资源，充分发挥各自优势，取得了良好的合作。下一步我们将继续把这些产品标准化，将创新的业务孵化成公司新的利润增长点。

三、助推融资租赁高质量发展

（一）风险管理

租赁公司结合自身的特点和背景，充分利用好自身优势，作为支点撬动整个金融行业的资源和产品，把债权思维转变为投行思维，为产业提供综合金融方案，同时分担了风险。另外，科技信息化是控制风险的一种重要手段，从单一的业务管理系统到结合各自特点不断完善的资产系统以及风险预警系统，加上外部大数据接入，覆盖了租前尽职调查、租中流程审查、租后资产管控、预警和风险识别全流程。

（二）人才管理

围绕产融结合精准构建人才需求，搭建人才队伍，最终使整个团队能够形成强烈的自驱动力，既要有与守正目标导向一致的激励机制，也要有创新孵化过程中必要的容错机制。

当前，我国已进入高质量发展阶段，融资租赁行业同样面临新的机遇和挑战。我们既要有守正的自信，也要有创新的勇气，在新发展格局下充分把握机遇，加快发展，促进租赁与产业的深度融合，构建渠道丰富、覆盖广泛的服务领域，积极推进融资租赁行业高质量发展。

中小融资租赁企业转型路径探索

简继业
成都工投融资租赁有限公司

一、问题、瓶颈与思考

（一）发展中的问题、瓶颈

1. 客户集中度高。在银保监会《融资租赁公司监督管理暂行办法》（以下简称《监管办法》）出台以前，对于融资租赁公司的客户集中度没有具体的监管指标，部分融资租赁公司在快速扩大规模的过程中，并未特别重视集中度问题。《监管办法》要求，融资租赁公司对单一承租人的全部融资租赁业务余额不得超过净资产的30%，对单一集团的全部融资租赁业务余额不得超过净资产的50%，因此，融资租赁公司需在规定的三年过渡期内将客户集中度降至红线以内。

2. 团队建设滞后。目前许多融资租赁公司以基础设施类项目为主，该类项目的尽职调查工作相对简单，不能很好地锻炼团队尽职调查能力。同时，若业务人员对产业类项目深耕不足，在业务开展过程中将缺少行业信息来源，难以提升行业敏锐度。融资租赁集融资、融物于一体，对团队的复合技能和专业能力要求非常高，需要懂贸易、懂设备、懂金融、懂资管和懂法律的复合型人才，因此，融资租赁公司需积极储备和培养人才，以满足未来长远发展的需求。

（二）转型思路和方向

1. 回归租赁本源。作为金融与实体的连接点，与传统信贷相比，融资租赁与实体经济联系更加紧密，在脱虚向实、降杠杆等新形势下，传统租赁公司的利差不断受到挤压，回归租赁本源，服务实体经济，挖掘新的业务模式和盈利点是大势所趋。在回归租赁本源的过程中，融资租赁公司应根据自身特点和资源禀赋，找准自己的行业立足点和业务出发点，依托科技手段，建立强大的风控能力，积极拥抱数字化转型，运用大数据分析、评估和管理风险。

2. 探索小额分散业务。近年来，融资租赁企业不断探索、创新，将汽车、IT设备等消费品作为租赁标的物，同时客户由企业向个人延伸，这种小额分散的业务模式在很大程度上分散了风险，也更便于融资租赁公司开展资产证券化。

二、转型发展探索实践

（一）经营性租赁

成都工投融资租赁有限公司（以下简称成都工投）在成都成立了一家经营性租赁公司，联合大型的设备服务商，组建合资公司，专门做盾构机的租赁、维保。中小租赁公司可能不具备强大的股东背景，需要借助第三方力量，大型的设备制造商和运营服务商都是成都工投希望借助的力量，设备制造商可以提供设备，对设备的维护保养非常专业，服务商在整个经营性租赁具体的运维上有非常独到的地方。成都工投在2018年初成立合资公司，目前经营性租赁的体量在4亿~5亿元，相对平稳，收益率较高。目前运营服务团队有十几个人，分布在各地，最初从成都开始，后来到广州、深圳、贵阳等地开展地铁建设的经营性租赁项目。

（二）汽车融资租赁

成都工投在汽车融资租赁领域开展业务相对较多，1992年开始从事汽车经营性租赁，但手段相对有限。公司通常可以直接开展成都本地业务，但成都以外的市场，需借助资产端形成资产再投放。公司所在的成都产业集团下设大数据公司，借助大数据公司开发系统，今后希望直接面对B端客户和C端客户。

（三）IT 设备分期租赁

成都工投2022年开始尝试IT设备分期租赁项目，这个领域的制造商、运营商竞争非常激烈，它们针对不同的客户开发不同的产品，相关产品有分期支付的需求，成都工投为其提供融资租赁服务。汽车项目底层资产单体平均约10万元，但IT设备分期租赁项目平均3000~5000元，从而风险更可控。

融资租赁行业的结构性变化

陆海霞
国药集团融资租赁有限公司

一、宏观经济

（一）全球经济形势

2018年以来，全球及主要经济体GDP同比增速呈下降趋势，但CPI指数持续走高，整体经济处于滞胀状态。经济滞胀的直接原因主要是新冠疫情、经贸摩擦、俄乌冲突等，但内在原因来自去全球化浪潮。1980—2020年，全球化浪潮兴起，全球要素市场优化配置，降低生产、流通成本，带来高增长、低通胀的发展时代。但随着西方个别国家收入分配失衡及社会撕裂，2011年以来，生产网络的角色和关系重组，成本显著提高，全球进入低增长、高通胀时代。

（二）中国经济形势

1. 经济政策：脉络始终围绕“新常态”。2013年中央经济工作会议提出，“我国发展仍处于重要战略机遇期，我们要增强信心，从当前我国经济发展的阶段性特征出发，适应新常态，保持战略上的平常心态”。

新常态可以从三个方面理解：总量方面，经济增速由高速增长转为中高速增长；结构方面，投资和进出口拉动转为消费拉动；驱动方面，产业发展由要素堆积驱动转为创新驱动。

2. 经济表现：经济转轨中逐步调整经济结构。

（1）从经济总量来看，GDP由高速增长转为中高速增长。

（2）从经济结构来看，消费、投资、出口“三驾马车”对经济增长的贡献比例有所变化，特别是消费方面，自2013年以来逐年提升。2020年由于新冠疫情影响，经济结构发生短期变化，但整体来看，经济结构持续优化的方向不变。

（3）从经济驱动来看，比较依赖杠杆率的提高来刺激增长。

3. 短期经济：警惕出现经济滞胀苗头。

（1）2021年以来，投资对经济增长拉动明显。但整体来看，“三驾马车”增速呈下降趋势。

（2）2021年第一至第三季度，全球经济复苏，需求大幅增加，全球大宗商品、能源指数明显上涨。2022年随着俄乌冲突的爆发，供给减少，导致全球大宗商品、能源指数再次上涨，通胀压力有所增加。

（3）疫情影响和大宗商品价格上涨的叠加作用推高了CPI增速，短期内出现经济滞胀苗头。但是，目前中国CPI指数仍处较低水平，GDP增速高于世界主要经济体，通过持续的结构调整，未来中国经济增长将有更强的活力。

4. 长期经济：更注重高质量发展，持续的改革必然取得成效。

（1）投资方面，政府债务率得以控制，新基建等投资领域的提振，将为经济增长带来动力，持续提高经济质量。

（2）消费方面，去杠杆未对消费造成显著影响，人均可支配收入和消费性支出持续增加，消费具备拉动经济增长的潜力。

（3）进出口方面，人口红利逐渐减少，但根据2021年第七次人口普查数据，10年间具有大学文化程度的人口占比由9%上升至15.5%，随着产业的转型升级，进出口更注重质量而非数量。

（三）小结

2013年中国经济进入新常态，实际上是在大的全球性趋势下的一个新的经济周期。在疫情冲击下，出现了很多新的现象，比如经济换挡、引擎转换，持续的去杠杆进程中，也面临短期的金融风险。但总体来说，中国的经济大盘仍然稳定，随着持续的结构调整，未来的中国经济将有更强的活力。

另外，如果把经济周期再放大，从1978年改革开放以来每年的经济增长率来看，经济的周期性和波动性展现出两个特点：

1. 经济周期越来越长，从最初每5年一个周期，到后来10年一个周期、15年一个周期，未来新常态的经济周期可能会更久。

2. 经济转轨中不再绝对强调经济增速，而是通过结构调整提升经济质量，在这个阶段，不可避免地会面临一些新的问题，眼光需要放长远。

二、融资租赁

（一）行业总量

监管新政对融资租赁行业造成总量冲击，售后回租业务模式将加强行业头部效应。

近些年，随着融资租赁行业监管政策趋严，总量方面，融资租赁公司数量自2019年后开始出现负增长，业务规模呈相同态势。随着总量的下降，头部融资租赁公司余额占比逐年提高，头部效应逐步加强。

业务模式方面，当前融资租赁行业以售后回租的资金业务模式为主。在降低市场成本的政策导向下，利率下行，流动性宽松，杠杆率下降，信用风险逐渐暴露，信用分化显现，最终导致头部效应显著。对于融资租赁公司而言，差异化发展、专业化转型迫在眉睫。

（二）资产端市场结构

1. 资产类型差异：多重压力下的被动，资产类型结构出现一定变化。

（1）保规模压力：在每年新增业务中，城投类业务占比相对较大。虽然严控地方政府隐性债务政策不断出台，但融资租赁公司在保规模压力下，城投类业务占比仍保持稳定。

（2）风险压力：2014年以来，融资租赁在制造业中的新增投放占比逐年下降。融资租赁公司出于风险防控目的，对实体经济，特别是民营企业业务开展相对较少。值得注意的是，2020年之后，随着支持实体经济政策的逐步落实，融资租赁向实体经济投放的占比开始回升。

（3）竞争压力：“双碳”背景下，电力、热力、燃气等新能源相关产业受支持力度逐年加大，各类金融机构均布局该类业务，融资租赁公司相比商业银行，并没有显著优势，面临较大的竞争压力。

2. 主体类型差异：金租和商租的差异化优势，导致资产结构变化出现不同趋势。

（1）城投类业务投放中，金租占比相对较高。分析原因，一方面，与商租相比，金租规模更大，因而保规模诉求更大；另一方面，金租资金成本相对较低，优势明显。

（2）制造业项目投放中，商租投放规模高于金租。分析原因，在面临制造业客户时，商租更加具备深耕细作的能力和特点。

（3）在新能源项目投放中，商租投放规模明显高于金租。分析原因，产业系商租的协调优势起到决定性作用。

（三）负债端市场结构

1. 货币总量。

（1）供需不均，资金流入实体经济的比例有待提高。市场流动性总体宽松，但资金流入实体经济的比例仍然不足。

（2）疫情冲击下，2021年进入新一轮宽松周期。2021年7月到2022年上半年，人民银行连续降准、引导下调LPR及银行间基准利率。除此之外，人民银行上缴1.1万亿元利润并大规模支持留抵退税，相当于下调存款准备金率0.4个百分点。

2. 市场利率。

（1）三轮宽松货币周期下，市场利率处于长期下行态势。第一轮，2013年至2016年，下调存款准备金率6次、基准利率5次。第二轮，2018年至2020年，下调存款准备金率7次、LPR5次。第三轮，2021年至2022年，下调存款准备金率3次、LPR3次。

（2）利率下行压低信用利差，风险偏好分化信用利差。信用利差与市场利率呈同方向变化，且存在6个月左右的滞后。从数据来看，信用分化主要取决于市场风险偏好变化（如债券爆雷等），与市场利率变化相关性不大。

3. 债券发行（融资租赁公司）。

（1）产品类型和发行人都有一定的“二八定律”。一方面，信用债的产品类型占比中，（超）短融和公司债整体所占比例近80%。另一方面，市场中排名前20%发行人的发行规模占全市场的50%以上，头部效应明显。

（2）发行人债券结构主要取决于自身条件和资金需求。根据自身条件和资金需求，大致可以分为以下三类。第一，均衡派（信用债和资产证券化各占50%），其特点是评级高、资金需求大、体量大。如果只发行信用债，容易遇到额度上限问题，需借助资产证券化的方式进行补充。第二，信用债派（信用债占比为91%），其特点是评级高、资金成本低。由于信用债发行利率相对较低，叠加银行授信支持充分，无需额外通过资产证券化方式融资。第三，证券化派（资产证券化占比为96%），其特点是虽然主体评级偏低，但资产分散且受投资人认可度较高。

（3）债券“贴标”领域较为集中，既源于政策导向，又有品牌内驱力。“贴标”债券包括绿色贴标、疫情防控、乡村振兴、专精特新等。比如，国药租赁分别在2020年和2022年发行了两期疫情防控债券，发行规模超过15亿元，支持了40家参与新冠病毒疫情防控工作的医疗机构，取得了良好的社会效益和经济效益。

（四）发展趋势

1. 资产端：变化中深耕细作，识别不同细分领域的业务机会。

（1）在政策变化中识别新的业务机会。一方面，以限制城投类业务为例，融资租赁公司首先需要了解为什么限制此类业务。限制城投类业务，大概率是限制通过与城投开展不合规的融资业务而进一步扩大隐性债务的规模。所以限制的不是业务本身，而是用途。另一方面，以鼓励新能源、专精特新业务为例，融资租赁公司首先需要了解为什么鼓励此类业务。鼓励新能源，是因为要实现“双碳”目标，而鼓励专精特新是因为产业发展遇到“卡脖子”问题。同时需要注意的是，国家鼓励该类业务是推动增量发展，而不是存量。

（2）不同业务领域的机会将呈现差异化，都是“深耕细作”趋势。首先，对于城投类业务，主要以地方国有企业为主，由“粗放”转变为“精细”，如基于单体项目公司运营的租赁业务。其次，对于实体业务，主要关注行业周期，根据行业周期变化择机介入和退出。最后，对于小微业务，主要关注商业模式，不要过度依赖信用模型，客户的资金使用场景同样重要。

2. 负债端：长期来看，好资产更能获得金融机构认可。从目前来看，在经济换挡和去杠杆的双重压力下，风险事件不断暴露，市场风险偏好逐渐发生变化，最终导致信用利差增加。与此同时，当前货币政策宽松、流动性充裕，叠加先前风险暴露增加，最终导致信用分化加剧。

去杠杆是一个长期持续的过程，风险暴露会越来越充分，之后，信用利差会逐渐收窄。目前市场宽松的流动性是为了稳经济，是阶段性的情况。随着流动性回收、金融风险逐步充分暴露，长期来看信用分化也会有所收敛。未来市场上的金融机构会更多地追逐好的资产，会穿透地看实际的风险，而不是一味追求好的主体。

（五）小结

从外部环境来看，我们处于经济换挡期，短期还面临一些经济滞胀的压力。从行业来看，自2018年开始，整个租赁行业进入严监管周期，加上长期以来主要是从事以售后回租为主的资金业务，在利率下行的政策导向下，市场的头部效应会日益显著。

在这样的大环境下，我们的业务结构，包括债券结构可能还会出现一些变化，变化中也会出现一些机会。

自2013年以来，我们处在新常态中的经济周期，整个融资租赁行业也正经历增速放缓、规模下降的过程，这是一个行业正常的提质增量的阶段，但需要一个漫长的周期。

三、发展思考

（一）治理逻辑

1. 经济治理逻辑变化：政策在形势变化中不断摸索和实践。分阶段来看，2015年至2016年，希望通过居民加杠杆提振经济；2016年至2018年，通过去杠杆化解风险，拆除经济高质量发展的隐患；2018年至2020年，经贸摩擦，但改革进程仍然持续；2021年至2022年，地产“三道红线”、反垄断，进一步推进改革进程。

从政策逻辑来看，在经济政策方面，由期待回升到去杠杆再到稳杠杆、调结构。在产业政策方面，从鼓励第三产业到发展制造业再到专精特新。所有的政策和调控措施，都随着形势的变化不断摸索、调整和实践。

2. 基础目标发生变化：经济长期下行中侧重安全和公平。从经济发展的基础目标来看，以往更侧重经济效益，效率第一，兼顾公平。在目前经济转轨阶段，安全和公平则上升到前所未有的高度。

（二）资产配置视角

长期趋势中，安全第一位，增加规模要注重穿越周期的行业资产配置。随着基础目标发生变化，融资租赁公司在制定战略、规划经营目标时，也应相应转变。以大型综合性租赁公司为例，虽然具备融资成本低、分支机构覆盖广等优势，但业务涉及行业众多，客户类型复杂。因此，更应该考虑经济周期、行业周期的影响。统计数据发现，计算机、通信和医药属于弱周期行业，对此类行业应长期布局、持续挖掘业务机会。而铁路、航空制造、电力/热力、煤炭开采、汽车制造等行业属于强周期行业，对此类行业应动态布局、选择合理的介入和退出时机。

（三）产业协同视角

中小产业系租赁公司要加强产业协同，延伸产业链条，寻找穿越周期的产业链资产配置。以医疗大健康行业为例，通过医疗机构传统客户群拓展到医药行业，再基于医药行业挖掘医药冷链领域及其上下游企业。而对于医药行业，其上游是制剂，制剂上游是原料药和精细化工，顺此产业链可以探索众多细分领域，拓展业务。但值得注意的是，细分领域仍存在不同行业周期差异，因而融资租赁公司需要寻找合适的时机介入优质产业链。

（四）资产负债视角

1. 长周期风险。在资产端，一方面，当利率处于上行周期时，选择浮动利率资产，从而保证收益随着利率的上升而上升。与之相反，当利率处于下行周期时，选择固定利率资产。另一方面，当风险处于上行周期时，选择短期限资产；而当风险处于下行周期时，选择长期限资产。

在负债端，一方面，当利率处于上行周期时，选择固定利率负债。与之相反，当利率处于下行周期时，选择浮动利率负债。另一方面，当风险处于上行周期时，信用分化加剧，大量资金会流入高评级主体，融资利率或有所下降。因此，对于高评级融资租赁公司而言，建议配置短期限负债。而对于低评级融资租赁公司而言，在风险上升周期，信用分化加剧，未来或面临融资困难，因此建议配置长期限负债。

2. 短周期风险。全球汇率和利率走势难以预测，通过对冲工具规避波动，降低短周期风险。2013年到2022年，汇率方面，人民币对美元年度内最大贬值高达60个基点；利率方面，以3个月Libor为例，年度内最大涨幅是200个基点。如果这些波动都碰上了且没有作对冲，那么以1亿美元外债为例，最大的损失可能超过1.6亿元人民币。在面临短期波动的时候，需要充分利用一些对冲工具来避免可能面临的巨大损失。

数说中国融资租赁今与明

唐吉平[①]　陈奥杰[②]

一、行业规模与区域分布

（一）展望指数波动下降，融资租赁行业景气将持续调整

2022年以来，中国融资租赁发展展望指数（以下简称展望指数）整体处于波动下降通道，整体市场呈现偏冷状态（见图1）。就各分指标而言，2022年行业发展指数震荡下行，行业信心指数和行业预警指数下降明显，行业整体发展预期下降，租赁资产质量问题凸显。受国际局势云谲波诡、实体经济恢复迟缓、行业监管持续趋严等因素影响，融资租赁行业景气将持续调整。

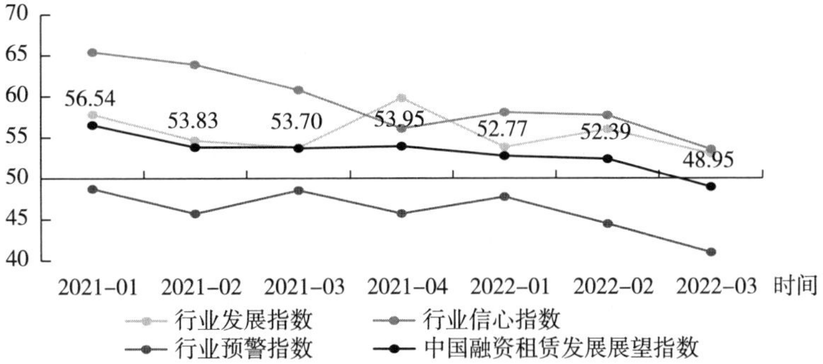

图 1　中国融资租赁发展展望指数

[数据来源：中国融资租赁（西湖）论坛]

① 浙江大学（经济学院、金融研究院）融资租赁研究中心副主任、浙江大学经济学院副教授。

② 浙江大学（经济学院、金融研究院）融资租赁研究中心研究部部长。

（二）行业规模小幅收缩，但长期市场前景广阔

受市场环境因素影响，行业规模处于小幅收缩状态。在租赁公司数量方面，各地开展异常融资租赁公司排查清理工作，2022年上半年租赁公司总数降至11603家，较2021年底减少314家（见图2）。在租赁公司业务总量方面，租赁公司业务总量也出现小幅下滑，2022年上半年业务总量降低至60330亿元，较2021年底下降2.85%（见图3）。由于行业内同质化竞争激烈，外商租赁公司普遍实力较弱，外商租赁公司数量减少与业务总量下降是导致总体行业规模收缩的主要原因。

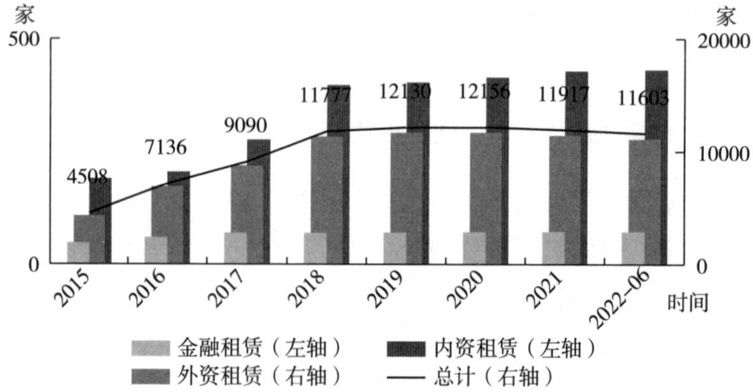

图 2　租赁公司数量

［数据来源：中国租赁联盟，中国融资租赁（西湖）论坛整理］

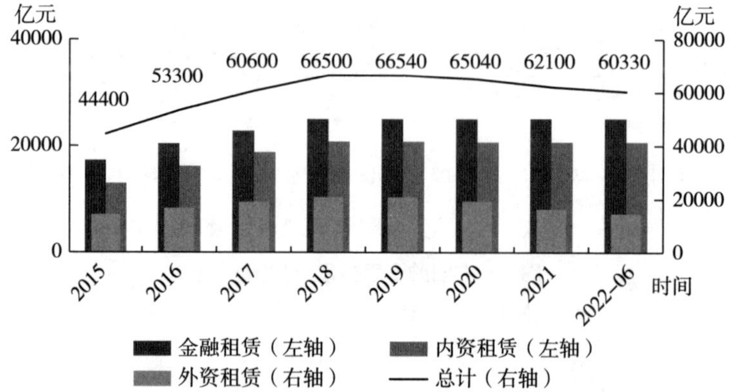

图 3　租赁公司业务总量

［数据来源：中国租赁联盟，中国融资租赁（西湖）论坛整理］

短期内行业规模扩张停滞现状不会改变，但长期融资租赁市场前景广阔。虽然2020年中国融资租赁行业年业务额达3002.1亿美元，行业整体规模位居世界第二，但是市场渗透率仅为9.4%，远低于欧美发达国家水平（见表1）。

表1　2020年各国融资租赁业务额及市场渗透率

国家	年业务额（亿美元）	市场渗透率（%）	国家	年业务额（亿美元）	市场渗透率（%）
美国	4403.8	22.0	法国	569.7	17.5
中国	3002.1	9.4	意大利	294.6	13.4
英国	834.2	28.4	加拿大	284.5	42.0
德国	797.8	16.2	丹麦	118.7	23.8

数据来源：*Solifi Global Leasing Report* 2022，中国融资租赁（西湖）论坛整理。

（三）区域发展不平衡，江浙等发达地区租赁业务占比高

国内各地租赁业发展不平衡，制造业发达、经济发展水平较高、地方财政实力相对较强的地区租赁业务占比较高，市场空间较大。2022年第一至第三季度，江苏、山东、浙江租赁业务融资额占比位居全国前列，三省占全国租赁业务融资额的29.77%（见表2）。

表2　2022年第一至第三季度租赁业务地区排名

排名	地区	融资额（亿元）	占比（%）	租赁事件数（件）	占比（%）
1	江苏省	5950.81	12.78	17852	14.01
2	山东省	4309.19	9.25	8912	6.99
3	浙江省	3602.68	7.74	9764	7.66
4	四川省	2511.81	5.39	5618	4.41
5	湖北省	2421.71	5.20	4071	3.19
6	河南省	2218.08	4.76	15067	11.82
7	天津市	2215.88	4.76	2568	2.02
8	广东省	2123.77	4.56	16680	13.09

续表

排名	地区	融资额（亿元）	占比（%）	租赁事件数（件）	占比（%）
9	重庆市	1829.62	3.93	3636	2.85
10	云南省	1773.56	3.81	1838	1.44
合计		28957.10	62.18	86006	67.48

数据来源：企业预警通，中国融资租赁（西湖）论坛整理。

二、行业投向与业务发展

（一）基础设施建设和交通物流成为融资租赁行业主要投放领域

融资租赁行业投向相对集中，基础设施建设和交通物流等行业为目前融资租赁行业主要投放领域。近十年来，融资租赁公司依托政府融资平台，开展政信类业务，促使政信类业务成为融资租赁行业最主要的投放领域之一。目前，各地政府和监管部门严格控制和治理地方隐性债务问题，逐步加强融资租赁政信类管控，政信类业务比例逐步下降，交通物流、新能源等正逐步成为融资租赁的主要行业投放领域（见表3）。

表 3　2022 年第一至第三季度租赁业务行业投向

序号	按申万行业分类标准划分的行业	融资额（亿元）	占比（%）	租赁事件数（件）	占比（%）
1	综合	15260.64	32.82	22741	17.87
2	建筑装饰	5210.23	11.21	11275	8.86
3	公用事业	4830.19	10.39	3963	3.11
4	非银金融	4425.93	9.52	27031	21.24
5	交通运输	4204.89	9.04	5335	4.19
6	房地产	2977.18	6.40	2250	1.77
7	环保	2141.05	4.61	2229	1.75
8	商贸零售	1256.85	2.70	20115	15.80
9	社会服务	989.60	2.13	2291	1.80

续表

序号	按申万行业分类标准划分的行业	融资额（亿元）	占比（%）	租赁事件数（件）	占比（%）
10	钢铁	689.70	1.48	377	0.30
11	基础化工	662.64	1.43	3186	2.50
12	机械设备	600.62	1.29	10500	8.25
13	煤炭	543.69	1.17	280	0.22
14	计算机	509.37	1.10	2854	2.24
15	农林牧渔	500.27	1.08	1508	1.18
16	有色金属	287.94	0.62	479	0.38
17	轻工制造	284.59	0.61	2531	1.99
18	电力设备	228.74	0.49	1585	1.25
19	汽车	211.59	0.46	1824	1.43
20	石油石化	204.70	0.44	170	0.13
21	纺织服饰	130.88	0.28	1693	1.33
22	传媒	117.45	0.25	244	0.19
23	医药生物	86.13	0.19	307	0.24
24	美容护理	83.43	0.18	2069	1.63
25	食品饮料	54.56	0.12	442	0.35
合计		46492.86	100.00	127279	100.00

数据来源：企业预警通，中国融资租赁（西湖）论坛整理。

（二）行业竞争激烈，优质资产稀缺，租赁公司展业难度高

中国融资租赁（西湖）论坛问卷调查显示，2022年前三季度，约有60%的租赁公司租赁资产净投放额同比处于持平或下降状态（见图4），超70%租赁公司认为自身展业状况一般或不理想（见图5）。同质化竞争严重、优质资产稀缺等是租赁公司普遍面临的问题。

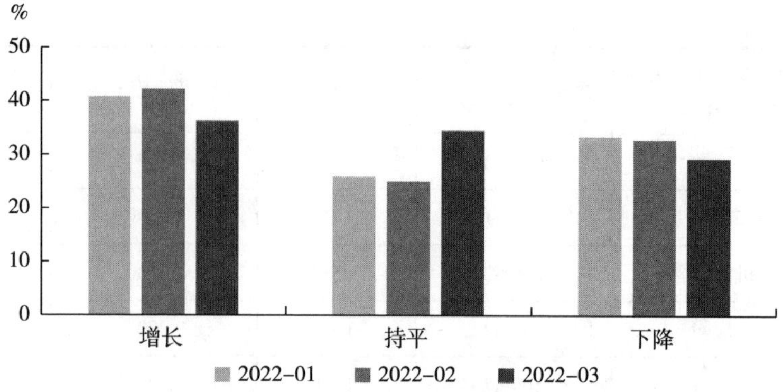

图 4　公司租赁资产净投放额同比

[数据来源：中国融资租赁（西湖）论坛]

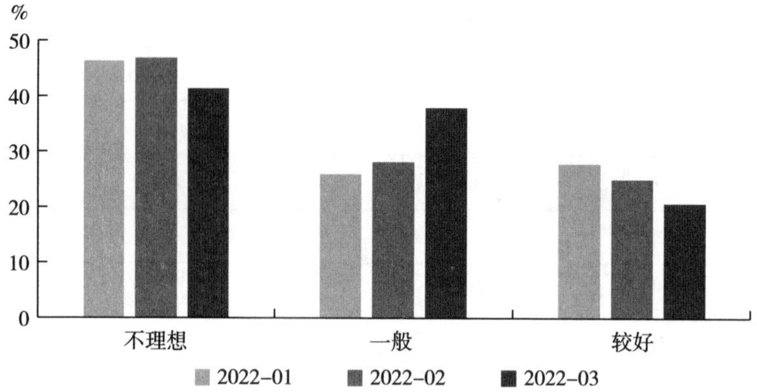

图 5　对本公司展业状况的评价

[数据来源：中国融资租赁（西湖）论坛]

三、融资渠道成本分析与展望

（一）银行贷款、ABS 和保理为租赁行业主要融资渠道

多数租赁企业融资渠道比较单一，银行贷款为租赁企业主要融资渠道。中国融资租赁（西湖）论坛问卷调查显示，以银行贷款为主要融资渠道的租赁企业占比达81.03%（见表4）。另外，ABS融资和保理融资在租赁企业的使用也相对比较广泛。随着租赁企业发展成熟，拓展多元化融资渠道是租赁企

业自身流动性风险控制的必然要求，ABS、保理、公司债券等融资渠道在租赁行业的应用将更加普及。

表 4　2022 年第一至第三季度租赁企业融资渠道分布

融资渠道	企业占比（%）	融资渠道	企业占比（%）
银行贷款	81.03	信托	1.72
公司债券	8.62	ABS	24.14
保险	1.72	保理	15.52
其他	48.28		

数据来源：中国融资租赁（西湖）论坛。

（二）租赁行业资金面稳定，高融资成本是租赁企业发展的重要制约因素之一

2022年以来，租赁行业整体资金面维持在相对宽松状态，整体融资成本相对稳定，约50%的租赁公司负债融资平均成本较5年期以上LPR上浮10%以内（见图6、图7）。目前融资租赁行业产品模式多为信贷化产品，价格竞争激烈，融资成本较高是制约融资租赁企业发展的重要因素之一。

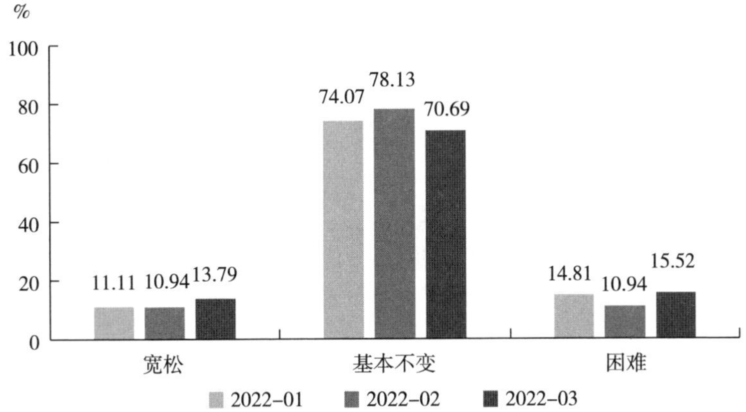

图 6　公司外部融资便利程度（与上季度相比）

[数据来源：中国融资租赁（西湖）论坛]

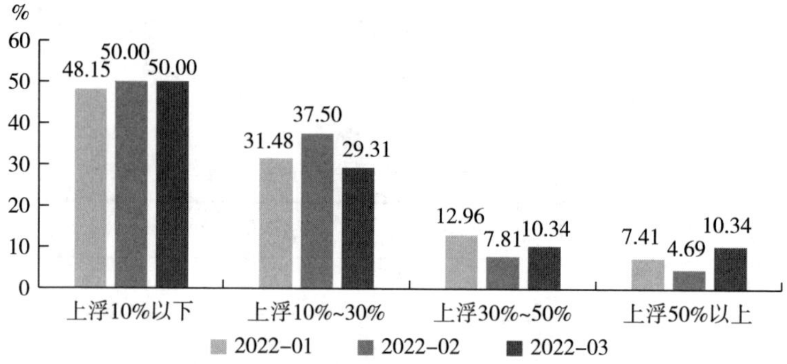

图7　公司负债融资平均成本（与5年期以上LPR相比）

[数据来源：中国融资租赁（西湖）论坛]

（三）公开市场融资规模增长放缓，但融资成本的优势使得公开市场成为租赁企业重点拓展的融资渠道

2022年以来，租赁公司公开市场融资[①]规模增长逐渐放缓，公开市场融资平均利率水平持续下降，已远低于1年期和5年期以上LPR利率水平（见图8、图9）。在股东提供差额补足、提供担保等补充征信措施的条件下，租赁公司可以有效提升公开市场发行债券的债项评级，从而获得比银行贷款期限更长、利息更低的资金。公开市场是未来租赁企业重要的融资渠道之一。

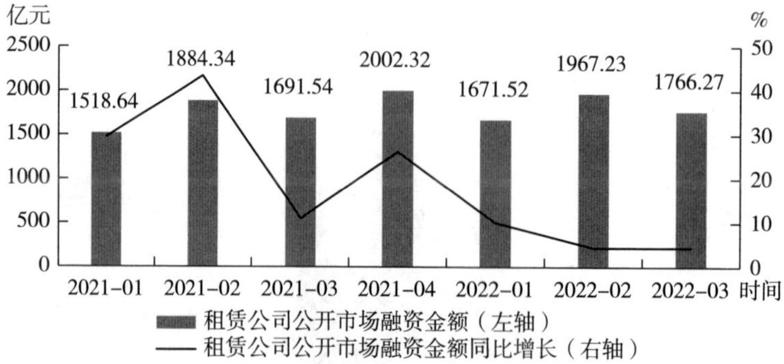

图8　租赁公司公开市场融资金额及同比增长率

[数据来源：Wind，中国融资租赁（西湖）论坛整理]

① 租赁公司公开市场融资数据涵盖金租公司金融债、银行信贷资产证券化（CLO）、商租公司ABS/ABN、公司债、中期票据、PPN、短融及超短融。

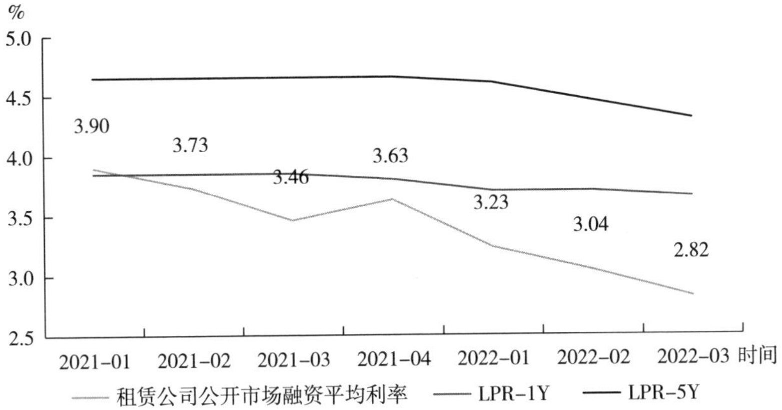

图 9　利率市场情况

[数据来源：Wind，中国融资租赁（西湖）论坛整理]

四、行业监管现状与监管趋势

2022年以来，中央各部门、地方政府及监管机构持续发布融资租赁行业相关制度与政策文件，细化融资租赁监管体系，引导行业健康发展。总体而言，强监管态势短期内不会改变，各监管部门通过建立非现场检查与现场检查制度，扶持政策与监管政策并举，引导融资租赁公司回归本源，加强风险控制，助力地方实体经济发展。

（一）融资租赁企业监管模式向金融企业监管模式靠拢

2022年3月，国家发展改革委、商务部发布《市场准入负面清单（2022年版）》，明确将融资租赁列为禁止准入类经营活动，规定非金融机构、不从事金融活动的企业，在注册名称和经营范围中原则上不得使用“融资租赁”等与金融相关的字样，并要求“凡在名称和经营范围中选择使用上述字样的企业（包括存量企业），市场监管部门将注册信息及时告知金融管理部门，金融管理部门、市场监管部门予以持续关注，并列入重点监管对象”。此文件进一步凸显融资租赁公司的金融属性，并为融资租赁行业监管模式向金融企业监管模式靠拢提供了政策依据。

（二）各地对融资租赁公司跨省经营问题监管要求存在差异

2021年12月，中国人民银行发布《地方金融监督管理条例（草案征求意见稿）》，其中对融资租赁企业跨省经营限制条款引起业内广泛争论与探讨。2022年以来，吉林、福建、内蒙古、北京、广东等省份先后发布地方融资租赁公司监督管理办法实施细则，对融资租赁公司跨省经营问题的监管要求存在一定差异。广东等地对跨省经营业务采取事后备案制管理。吉林要求省外融资租赁公司在吉林短期开展业务需事前报备，长期开展业务需以设立分支机构形式申请业务报备。内蒙古则明确规定融资租赁公司原则上不得跨省设立分支机构，开展业务，且不再受理融资租赁公司跨省设立分支机构申请。福建、北京等地则未对跨省经营问题明确作出监管要求与规定。后续，预计多数省份将结合融资租赁公司分级分类管理制度，对符合要求的融资租赁公司跨省经营采取事后备案制管理。

（三）名单制管理为主流监管模式，现场检查与非现场检查并行

自2020年银保监会发布《融资租赁公司监督管理暂行办法》以来，各省、自治区、直辖市大规模开展辖区内融资租赁公司摸排与清理工作。名单制成为各地融资租赁监管的主要形式。2022年以来，上海、北京、深圳等多地先后公布空壳、失联及非正常经营融资租赁企业名单，涉及融资租赁企业超3000家。湖北等地则采取白名单制监管模式，对名单内融资租赁企业进行监督管理。

另外，为更好控制融资租赁行业风险，监管部门将持续严监管政策，现场检查与非现场检查并行。2022年2月，银保监会发布《融资租赁公司非现场监管规程》，对各地监管部门非现场监管工作内容要求及融资租赁公司数据信息报送内容进行明确规定。河南、北京、深圳等多地监管部门组织对辖区内融资租赁公司开展现场检查，重点提升辖区内融资租赁公司内控制度建设与合规运营。

（四）多元化政策引导融资租赁业务方向，政信类业务空间收窄

多地政府与监管部门制定出台产业引导性扶持政策与禁止性文件，引导融资租赁服务实体经济，推动地方特色产业发展，帮助解决中小微企业融资

难问题。在业务扶持与补贴方面，天津、厦门、上海、深圳等地均设有融资租赁公司业务扶持奖励，鼓励融资租赁公司落户开展业务。在行业投向引导方面，多地鼓励融资租赁公司助力地方特色产业发展，如佛山、宁夏等地对制造业企业通过融资租赁方式进行融资设有补贴政策；云南支持汽车融资租赁业务发展；广州鼓励环保装备融资租赁；等等。而对涉及构筑物和地方政府隐性债务业务的监管限制逐步加强。监管部门先后发布多个通知限制金租公司开展构筑物租赁业务，不许新增投放地方政府隐性债务主体租赁业务。2022年10月，深圳市地方金融监督管理局发布《关于严禁开展涉地方政府隐性债务的业务的通知》，要求融资租赁公司不得开展涉新增地方政府隐性债务的业务。预计各地监管部门可能会逐步出台融资租赁公司涉及地方政府隐性债务业务的禁令，政信类融资租赁业务市场空间收窄趋势越发明显。

五、总结与建议

短期内，融资租赁行业将处于寒冬状态，但长期看市场前景广阔。业务模式单一、同质化竞争激烈是目前融资租赁行业面临的主要问题。专业化发展成为融资租赁行业破局的必由之路。建议融资租赁公司从以下几个角度进行专业化转型：第一，摒弃规模依赖策略，明确自身市场定位，充分认识自身的业务水平与风控能力，并以此为基础确定目标市场与服务客群，在能力范围内开展业务。第二，打破信贷思维，树立服务观念，围绕物权与债权丰富对承租人的服务内容，提升服务水平。第三，做深行业研究，实施差异化战略，结合自身股东背景等资源禀赋优势，选择2~3个细分行业深耕，逐步打造细分领域内的差异化竞争优势。第四，加强租赁物管控，提升租赁物处置能力与水平，实现债权与物权的风险闭环管理。第五，依托现代科技手段，全面优化自身业务流程与内控制度，缩短项目审批流程，强化租前、租中、租后风险控制。

股东行业背景对融资租赁公司发展的影响分析——以基建企业和金控集团为例

王发军
成渝融资租赁有限公司

融资租赁公司的发展在很大程度上受到其股东背景的影响。股东为融资租赁公司提供的资源主要有业务和资金，而这二者是影响融资租赁公司发展的至关重要的因素。相应地，融资租赁公司的资产质量、利润水平等因素都会受到影响。本文以股东为基础设施建设企业的A融资租赁有限公司（以下简称A租赁）和股东为金融控股集团的B融资租赁公司（以下简称B租赁）为例，分析了股东行业背景对融资租赁公司发展的影响。

一、行业拓展比较

股东的行业背景对融资租赁公司的业务发展有直接的影响。一方面，融资租赁公司的关键岗位——高管（如董事长、财务总监等）一般都由股东公司委派，对股东所在的行业比较熟悉，因此更倾向于开展与股东行业相同或相近的业务。另一方面，融资租赁公司可以利用股东获得相关行业资源，从而便利相关业务的开展。

A租赁是A集团有限公司（以下简称A集团）内唯一的融资租赁公司。A集团对A租赁的定位主要在于助推主业发展，要求A租赁参与整合集团内的设备资源、挖掘上下游产业链的价值以及探索新兴产业培育。因此，A租赁从设立伊始就承担了通过开展融资租赁业务促进集团主业发展的任务。从A租赁近年来各板块租赁资产存量规模占比也可以看出这一点（见图1）。

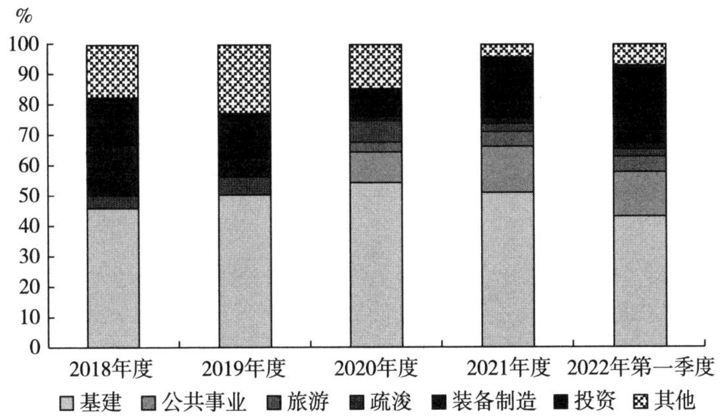

图 1　A 租赁近年来分行业资产存量情况

从图1可以看出，A租赁的行业主要集中在基建，而这也正是A集团所处的行业。根据募集说明书披露的信息，A租赁在以上行业（“其他”除外）的主要客户群为集团内企业及关联企业。因此可以认为，A租赁的业务主要来自集团内部及其关联方。由此也可见A集团对A租赁的行业定位具有决定性影响。

B租赁的控股股东是B金融控股集团有限公司（以下简称B金控）。B金控旗下有融资租赁、资产管理、产业投资基金、融资担保、期货和金融科技等金融业务平台，以融资租赁业务为核心。

B租赁根据股东B金控对其发展定位和战略规划制定融资租赁业务投向指引。目前公司的业务战略定位为以绿色民生工程为基础，大力拓展环保水务、旅游文化、交通物流、健康医疗业务领域，积极推进设备租赁、厂商租赁、长租房租赁（见图2）。

其中，民生工程业主要包括一些基建设备等相关租赁项目，承租人通常为在当地具有一定行业地位的国有企业。可见，相对于A租赁，B租赁的行业分布更为广泛，业务也主要来自集团外部，公司可以依托的集团业务资源相对较少，对集团的业务依赖也相对较低。

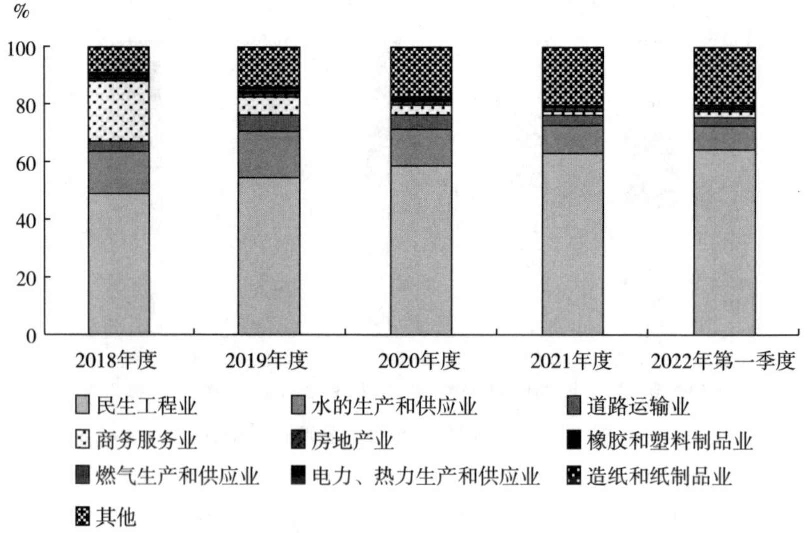

图 2　B 租赁近年来分行业资产存量情况

二、资金来源比较

融资租赁公司的资金来源主要有银行借款、股东借款、发行债券、同业融资和资产证券化等。根据募集说明书披露的信息，A租赁的资金来源以银行融资为主。公司近年来各类渠道的融资情况如图3所示。

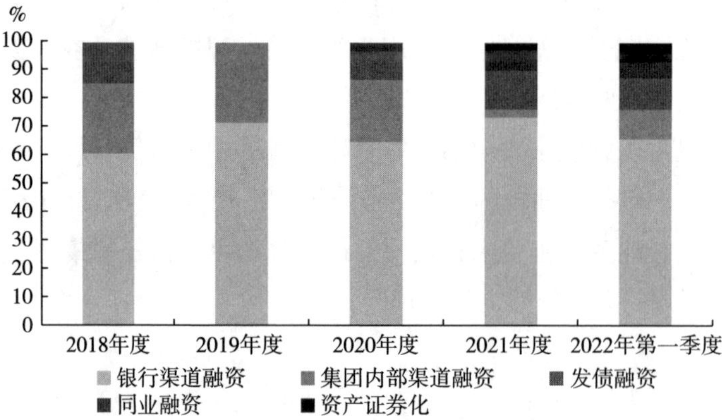

图 3　A 租赁近年来融资渠道分布情况

相较而言，B租赁的融资渠道更少，只有金融机构借款、发债融资和股东借款三种类型（见图4）。但金融机构借款依然是公司最主要的资金来源，而发债融资占比则比A租赁要高得多。2021年度，发债融资甚至一度成为B租赁最主要的融资来源。

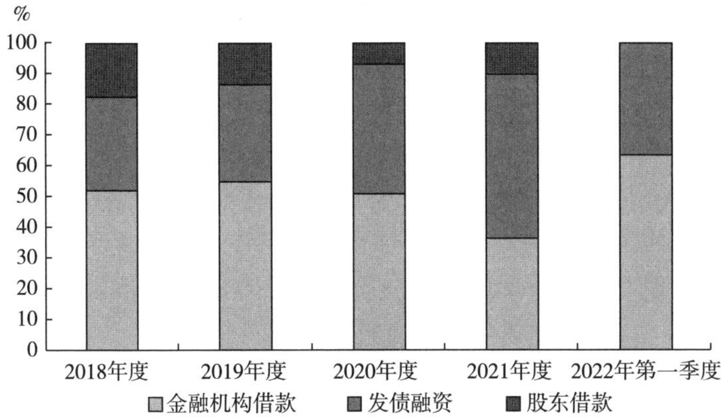

图4 B租赁近年来融资渠道分布情况

比较A租赁和B租赁可以发现，二者最主要的融资渠道都是金融机构借款（或银行借款）。从股东借款（或集团内部借款）来看，二者从股东获得的资金支持力度大体相近。这主要是因为两家公司已经发展到了较高的水平，自身融资能力较强，因此对股东的资金依赖减弱。

三、客户集中度比较

如第一部分所述，股东的行业背景对下属融资租赁公司的行业定位有直接的影响。因此，相对于股东为金控集团的融资租赁公司，股东为基建企业的融资租赁公司的行业集中度会更高一些，客户集中度相应也会更高一些。这从A租赁和B租赁的比较中也可以看出来。

据募集说明书披露的信息，A租赁主要客户群体为集团内关联企业，主要获客渠道为集团内关联企业推荐。可见，A集团为A租赁的业务发展提供的支持力度相当大，但也造成了A租赁较高的客户集中度和关联度（见表1）。

表 1　A 租赁 2018—2021 年集中度与关联度情况

单位：%

监管指标	2018 年度	2019 年度	2020 年度	2021 年度
单一客户融资集中度	14.12	12.67	23.77	20.59
单一集团客户融资集中度	32.16	36.65	11.61	12.23
单一客户关联度	12.37	12.67	11.61	20.59
全部关联度	131.18	194.26	76.06	22.96
单一股东关联度	304.61	391.15	216.42	88.26

根据《融资租赁公司监督管理暂行办法》，融资租赁公司的单一客户集中度不能超过30%，集团客户集中度不能超过50%。可见，A租赁部分指标高于监管标准，但总体呈下降的趋势。需要注意的是，由于没有原始数据作支撑，表1数据直接引自A租赁的募集说明书。

相较于A租赁，具有金控集团背景的B租赁的集中度就要低得多（见表2）。

表 2　B 租赁 2019—2021 年集中度与关联度情况

单位：%

监管指标	2019 年度	2020 年度	2021 年度
单一客户融资集中度	5.33	4.83	3.51
单一集团客户融资集中度	5.33	4.83	6.66
单一客户关联度	1.22	0.00	0.00
全部关联度	1.22	0.00	0.00
单一股东关联度	1.22	0.00	0.00

从表2可以看出，B租赁的集中度水平很低，而且2020—2021年均没有开展集团内业务或关联方业务，关联度均为0。

四、资产质量比较

股东的行业背景对融资租赁公司的资产质量水平也有一定影响。以A租赁为例，由于客户群体主要为集团内企业及其上下游，因此A租赁对行业和客户都有较为深入的了解，而且具有更多、更有效的风险控制手段，从而资产质量相对较高（见图5）。

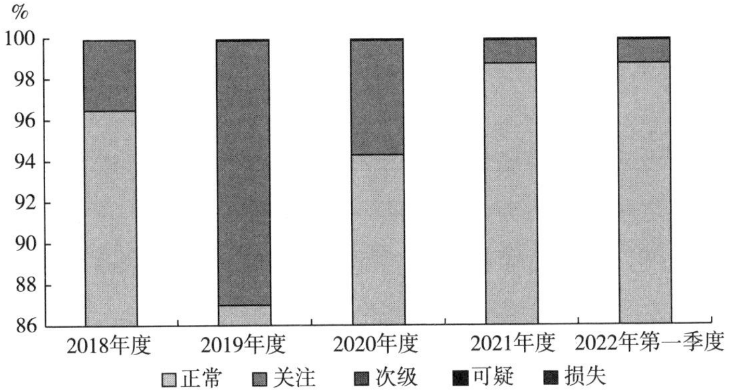

图5　A租赁近年来资产质量分类情况

从图5可以看出，虽然部分年度正常类资产的比例偏低，但正常类资产和关注类资产的合计占比均超过99.9%，其他三类资产（不良资产）占比极低，且公司近几年没有出现损失类资产。部分年度关注类资产占比较高的原因是客户因各种原因没有及时还租，导致出现租金逾期。按照A租赁的资产质量分类标准，关注类资产逾期3~6个月。A租赁的客户主要是集团内客户或关联方客户，因此相对来说更容易协调，使得这些逾期的租金最终都在6个月之内归还了，没有形成不良资产。

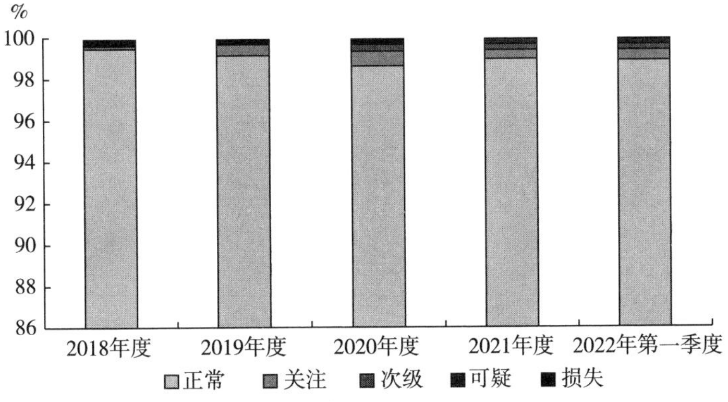

图6　B租赁近年来资产质量分类情况

B租赁近年来的正常类资产占比均在99%左右，但不良资产占比较A租赁高（见图6）。这主要是因为B租赁的客户基本上都是集团外客户，在沟通协调和风险控制方面都不如A租赁协调内部客户和关联客户那样有效。

五、利润水平比较

由于股东为基建企业的融资租赁公司设立的目的主要是促进集团主业的发展，而且主要业务来源为集团内部企业或关联方及其上下游，因此利润水平较低。而股东为金控集团的融资租赁公司设立的目的就是为集团贡献更多的利润，主要业务都来自集团外，因此利润水平相对较高。对比A租赁和B租赁近年来的毛利率情况，可以较为明显地看出这一点（见图7）。

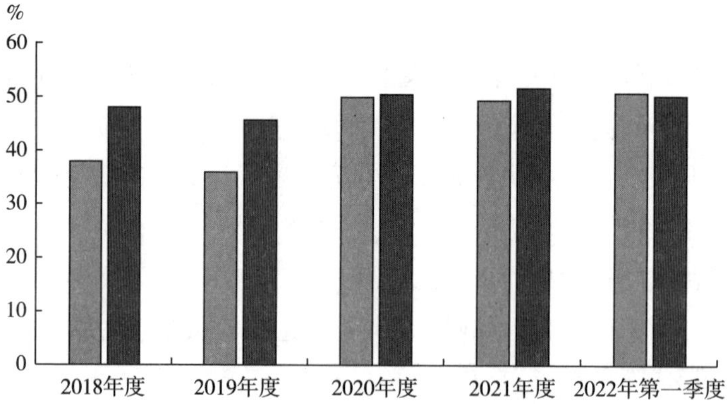

图7　A租赁与B租赁毛利率对比

从图7可以看出，2020年以前，A租赁的毛利率明显低于B租赁，而之后两者的毛利率水平相当。可以认为这是2020年融资租赁监管新规出台之后，A租赁降低了集团内部业务占比，从而提高了毛利率。

六、结语

股东行业背景对融资租赁公司的影响是多方面的。本文以具有代表性的基建行业背景下属融资租赁公司A租赁和金控集团行业背景下属融资租赁公司

B租赁为例，分析了这两家公司在行业拓展、资金来源、客户集中度、资产质量和利润水平五个方面的异同。通过分析可以看出，股东对融资租赁公司最重要的影响在于融资租赁公司的业务发展方向和行业定位。这直接影响了融资租赁公司的客户集中度、资产质量和利润水平。

中国航运融资租赁将成为船舶融资的重要资金来源之一

王雅囡
招商局通商融资租赁有限公司

人类从古代就开始重视航运业，航运也是国际贸易中成本最低的运输方式，目前国际贸易中大约90%的货物是以航运形式来完成的。航运市场是最后的大型完全竞争市场之一，即市场和价格由供求规律所控制。与供求关系最为紧密的则是船东及承租人，当然船厂及经纪人也是关键因素。航运业具有典型的资本密集型和周期性特质，2013年全球海事相关市场总价值超过3万亿美元，要实现航运资源的配置，则需要依靠航运资本市场的发展。自1966年美元市场出现以来，商业银行贷款一直主导着船舶融资市场，可是航运的强周期性特质给金融市场提出更高的要求，尤其是在经历低谷期时，会对航运金融产业链不同环节的机构提出各种挑战。

2008年，全球前20家融资银行资产规模为3500亿美元；截至2022年9 月，全球前20家融资银行资产规模为2410亿美元，中国租赁公司资产规模为1254亿美元。可见，中国航运融资租赁将逐渐成为航运金融服务提供方的主流之一。

一、航运金融发展史

历史上欧洲航运业的繁荣决定了欧洲船舶融资银行最初的重要地位。真正意义上的航运业始于15世纪欧洲主导的地理大发现。在15世纪至16世纪欧洲的航海家先后发现美洲大陆和通往东方的新航线之后，国际贸易得到了快速发展，促使贸易商品的数量和种类急剧增加，欧洲多国之间的海上贸易往来日益频繁，促进了航运业的快速发展，也奠定了欧洲作为世界航运金融中心的地位。

2008年国际金融危机爆发后的十年，欧洲经济的持续下行，以中国、新加坡和日本为首的亚洲航运业兴起等多种因素使全球船舶融资格局发生了显著的变化。一方面，作为船舶融资服务主要提供方的欧洲金融机构均面临许多外部压力，诸如资本充足率的上升、银行监管法规的趋严和由于航运市场衰退而大额计提的资产减值损失或减值准备。一些在船舶融资业活跃已久的欧洲银行通过出售贷款分离资产、建立新的部门专门处置困难贷款的方式来收缩它们持有的海运资产，2008年航运及海工资产规模排名全球前10的船舶融资银行均为欧洲银行，而到2020年该比例降为50%；甚至有一些欧洲银行已经完全退出船舶融资业（例如，德国商业银行、莱斯银行集团、苏格兰皇家银行集团及德国北方银行）。另一方面，21世纪全球经济格局发生变化，船东国及航运借款人也随之发生了变化。2019年，日本、中国和新加坡已成为全球第二、第三和第四位船东国，中国海运、中远集运、长荣集团、韩进集团和日本邮轮集运等一批亚洲船东崛起。这也使得亚洲金融机构在船舶金融中开始发挥越来越大的作用。中国航运金融服务起步晚，2008年受国际金融危机冲击小、流动性相对充足的中资银行被视为救市的重要力量，并不断得到欧美船东的青睐，特别是在原银监会批准商业银行进入融资主力业务市场以后，中国金融机构利用这一良机大举进入航运融资领域。

二、航运资本结构

商业银行贷款是最传统及通用的融资方式，全球约80%的债务由商业银行提供（2014年）。由于船舶价值巨大、海上航运风险较高，且早期无法履约的船舶贷款相对较多，故商业银行对船舶融资有较多的限制，如船舶抵押、租约权利转让、收益和保险转让、单船公司的股权质押、收益账户抵押等，协议中还会有其他经营及财务约束条款。当航运市场低迷时，运费骤降及船价下跌导致在过去船市繁荣期过度投资的航运资产大幅减值，多数船型新船价格可能下调50%以上，直接导致银行担保不足，加之银行本身货币流动性问题，船舶融资就会萎缩，从而影响船东接船及日常运营，有的船东甚至被迫卖船或放弃新造船合约。而运费的下降则是由供需变化导致的，从而可以推导出经济的周期正走向下坡路，在此情境下，则会导致银行危机的出现，从而使银行能够提供的资金更加有限。上述分析说明，银行是运力供给能够扩充的最重要的单一因素，市场环境恶化或者正在经历下行期时，融资银行会非常不乐意提供资金，甚至会选择退出该市场。我们也看到，2013年以来，虽然中国、韩国和日本等国家的政府给本国造船厂以大力支持，但是银行为了规避风险，所提供的贷款与价值比（LTV）已经由最高峰的80%下降至60%，融资缺口仍然很大。

在此期间，孕育而生的融资选择还有债券、私募股权、公开股票等，市场预计资本市场可能发挥更重要的作用，但是直至2019年底，资本市场每年募集的资金也就维持在90亿美元左右。探其原因，许多航运公司的公司机构和所有权形态依旧是家族拥有，所有者也不希望全权让渡控制权。后来，伴随投资银行的发展，IPO也逐渐成为融资手段之一。但是我们也发现，投资银行家在未对不可避免的下跌到来时可能的表现进行充分分析的情况下，将太多的航运公司推向了市场。在下行周期下，投资者蒙受了巨额损失，很多实力雄厚的公司提交破产保护/或者重组，从而航运市场对投资者的吸引力也在降低。探究原因，主要是航运业具有较强的周期性。《海事金融》杂志跟踪了150家上市航运公司的数据，这些公司总市值在2007年的巅峰期超过3500亿美元，甚至高于航空业的市值，部分航运公司实现了近50%的资产净值溢价。但是，2012年，这些公司的市值仅略超过1000亿美元，许多公司的股价仅为资产净值的50%。所以长期来看，航运和资本市场并非最佳组合，上市航运公司似乎比私营公司有更大的波动性，在大多数情况下，上市航运公司并未比私营公司有可比优势。

2013年以来，中国的融资租赁市场逐渐得到船东的青睐。正如上文提到的，在金融危机及传统船舶债务融资行业不断出现问题后，船东的融资缺口加大，一是解决运营船舶的融资问题，二是解决新造船的融资问题。中国在加入世界贸易组织后，国际贸易量开始急速上升，这也是2008年国际金融危机后全球经济复苏的主要助力因素。中国的航运业发展又一次成为世界的焦点。运力的支持要靠金融的支持，虽然中国也推出出口信贷业务，而且只要有95%的保险覆盖，则为低风险业务，可不计提拨备，但是由于船舶融资的复杂性，涉及航运业、船舶业、金融业，需要掌握行业知识、金融学和法律等专业知识，国内专业的融资机构并不多见，再叠加金融政策、法律法规的完善性不足、技术和服务能力较为落后以及人才缺失等原因，中国银行业的航运金融发展较为缓慢。中国银行于2015年率先尝试设立船舶融资中心（大连），也是希望中国银行在造船、港口及运输的整个产业链服务上能够实现模式创新，并能够提供基于行业发展的产品，既要保证风险可控，又要满足船东、造船企业的融资需求。但是在实践过程中，很难打破风险管理审批的短期局限性，视角与投资银行是一样的。

由此，我们也发现，在中国，债权融资工具、融资租赁开始进入大家的视野，并每年以两位数的速度增长。克拉克森研究在2020年开始推出中国航运租赁市场的情况分析并发布季刊，由此可见中国航运融资市场的繁荣发展。融资租赁提供的航运金融服务有两种：一种属于船舶融资，即实质是融资，类似于银行贷款，其结构是售后回租或者直租；另一种则是经营性租赁，即由租赁公司成为船东或者联合船东进行买船及经营，是资产运营。先说以提供融资为目的的融资租赁产品，通常来说，融资租赁与银行贷款比较，较为灵活，提供的融资规模更大，但是定价相对于银行也较高，与风险定价相匹配。回看整体的航运融资租赁市场的发展，发展最快的也是金融机构下设的租赁公司，其因成本优势，可以在适当放宽准入条件后，以垒规模实现资产的快速增长。这里也对比一下融资租赁与银行贷款的差别。

形式不同：银行以船舶抵押提供贷款，船东为借款人，并进行还本付息；租赁公司则是以船舶或者建造合同买卖的形式（售后回租或者直租）提供资金支持。

评价标准：贷款是从偿债能力进行评价，而偿债能力主要从船东公司的整体经营及财务表现进行评价，信用结构则是船舶抵押以及船舶的期租及相关收益权转让。融资比例及期限则是综合评定后结合借款人的需求以及并尽量降低融资比例（提高抵押率）；对应到融资租赁行业中，就是售后回租，也是通过评估偿债能力及购买价/价值比（equal to “Loan to Value”），以租赁的实行提供一笔贷款。我们对两者的区别总结如下；

1. 客户需求的满足及客户的选择。通常而言，自身运营能力较强、融资渠道较广的航运企业，为了降低流动性风险及融资成本，一般会选择银行的船舶抵押贷款来完成新造船的投资支付。而新创企业（无法达到银行准入要求）或者迅速扩张的企业，多数会选择融资租赁，其目的就是获得高LTV及长期限的融资，这些船东对价格的敏感性不高。所以，银行及租赁公司自主选择的机会不会太多，面对的客户群体的分层很明晰。

2. 融资模式。银行提供的是船舶抵押项目贷款，租赁公司以名义买卖船舶而提供资金。

3. 定价。探讨定价的前提为该客户已经准入。与银行合作的客户，对于融资成本要求很高，大部分以美元国家债的标准上下浮动；与融资租赁公司合作的客户，对于融资比例及整体的融资期限要求更高，这些客户愿意支付风险溢价，所以一般会根据项目现金流的情况提出可接受的最高价格。如前所述，客户分层已经非常明晰，客户会根据自身的情况选择金融机构。

4. 资金渠道。对于银行而言，运营模式是吸收资金并发放资金，可谓是一个资金平台；租赁公司的资金渠道就是银行借款及发债，这里需要区分金租公司与商租公司。金租公司可以有银行股东的直接借款，也可以同业拆借，同时，金租公司的发债相对容易一些。对于商租公司，尤其是新成立的商租公司，叙做本类业务的主要渠道就是与银行谈项目融资，因为流动资金贷款的期限较短，发债的市场辨识度较低，成本极高。资金成本及银行项目融资足以阻碍商租公司的船舶融资业务发展。

5. 风险点审核。如果是项目融资（即无担保），其审核的重中之重就是租赁物残值风险，尽量降低融资比例。所以对于银行而言，一般提供的融资比例不会超过70%（会以建造价格或者市场评估报告为准），融资期限可以做到12~15年。而租赁公司会根据自身对租赁物残值风险的把控或者处置，提高融资比例，但是融资比例一般不超过80%，融资期限可以做到15~18年。

6. 债务处置。对于银行而言，它不具备产业经营能力，当项目出现风险，就会直接处置船舶，其目的就是将未还的本金全面覆盖，无坏账产生。而对于租赁公司而言，金租公司的操作与银行基本一致，而商租公司的操作就要更为复杂一些，主要原因是融资端有银行项目贷款捆绑。出现承租人无法支付租金时，如果商租公司本身有运营能力，可以将资产转租给第三方，正常按照融资银行的还本付息计划偿还本金及利息；如果资产无法转租，则需要与融资银行沟通还款计划，并与银行沟通资产处置相关事宜。不同之处就在于，银行和金租公司都是资金池的运营模式，没有点对点的还款计划，所以不会导致自身违约；而商租公司则不同，如果项目本身就有银行的项目融资资金，则必须履行债务人的职责，较为被动，缺乏灵活性。

综合上述分析，商租公司叙做“以融资为目的”的资金支持的优势不明显，这也与市场表现相吻合，金租公司承做的融资租赁规模占租赁市场的2/3至3/4。2020年中国银保监会政策研究局发布《中国影子银行报告》，首度对影子银行进行了定义，融资租赁也被正式列入广义定义之“影子银行”范畴，融资租赁监管转隶至银保监会，银保监会发布相关监管办法，地方金融局发布有关实施细则，首批纳入监管的是银行系融资租赁公司。在银行系融资租赁公司受到严监管的大背景下，也伴随着中国航运市场的发展以及中国船企的活跃，以中国船舶为代表的拥有造船业务的大型集团公司纷纷设立租赁企业从事船舶融资租赁业务。一是发挥“以融助产”的作用，在市场低迷船厂无订单的情况下，主动下单，待航运市场高企，船舶资产急缺时，则可以溢价卖出赚得的利润；二是作为一项增值服务，在造船的商务条款上更具竞争优势，以获取新的订单。再后来，以大型航运、造船为集团实业一部分的大型央企国企集团，如中远海运集团及招商局集团，也开始参与其中，以较强的集团背景实现“以融助产”及专业运营。租赁公司性质的多样性，带来了业务形式的多样性，船厂系及第三方租赁公司，在未有银行系租赁公司的成本优势下，更多凭借其产业背景主动运作，扩大船舶经营性租赁项目投资以获得资本溢价收益，也开始逐渐成为“真正的船东”进行船舶投资业务。从成熟的欧美市场租赁业务的发展可以看到，能够存活下来的租赁公司都是以产业运营模式获得双重收益并有较强的产业背景及资产管理背景的专业租赁公司。

综上所述，航运业属于强周期产业，又是资金密集型的产业，必定需要大量的资金支持。在经济上行期，银行贷款及资本市场都是较为活跃的资金来源，但是到了经济下行期，传统银行贷款以及资本市场无法满足行业发展需求，甚至会逼迫船东变卖船舶偿还债务或者进入破产清算流程。但是从经营性租赁产品开发而言，船东与专业的租赁公司合作，既能解决融资需求，又可以与租赁公司共同承担周期风险，并不会在贷款价值比（LTV）的要求下增加备付金或者提前还款。而从租赁公司可持续发展的角度看，只有参与产业经营，“以融助产”才可能得以生存。伴随着中国航运业及造船业的发展以及全球航运资本市场的发展倾斜，我们认为产业系的融资租赁产品将成为债权类融资的重要工具之一。

参考文献

[1] [希]伊莱亚斯·卡拉基索斯，[希]兰布罗斯·瓦纳维兹.宏观航运经济学[M].金海，译.上海：上海人民出版社，2020.

[2] 洛丽·安·拉罗科.海上帝国：现代航运世界的故事[M].金海，译.上海：上海人民出版社，2019.

[3] 朱世秀.招商局史（现代部分）[M].北京：人民交通出版社，1995.

[4] 中国船舶网.航运金融的发展现状[J/OL].2018. http：//www.eworldship.com.

[5] [希]马诺利斯·卡伍萨诺斯，[希]伊利亚斯·维斯维基斯.国际航运金融手册[M].金海，译.上海：上海人民出版社，2019.

[6] [德]奥勒提斯·希纳斯，[德]卡斯滕·格老，[德]马克斯·约翰斯.航运金融手册[M].金海，译.北京：中信出版社，2017.

[7] 王雅囡.浅谈船舶融资之银行与融资租赁[OL].西湖论坛微信公众号，2022.

[8] 褚书地.德国 KG 航运基金的兴衰及其启示[J].金融市场，2013（7）.

[9] 克拉克森研究.中国航运融资租赁市场季刊，2022（4）.